LECTURES

MW01715684

Les Lectures ELI présentent une gamme complète d'ouvrages où les grands classiques de la littérature côtoient des textes narratifs contemporains et captivants. S'adressant à des lecteurs de différentes tranches d'âge, elles sont réparties en trois collections : Lectures ELI Poussins, Lectures ELI Juniors et Lectures ELI Seniors. Outre leur grande qualité éditoriale, les Lectures ELI fournissent un support didactique simple et immédiatement accessible, en même temps qu'elles capturent l'attention des lecteurs grâce au fort impact artistique et visuel des illustrations.

FSC
www.fsc.org
MIXTE
Issu de sources responsables
FSC® C019318

La certification du Conseil de la bonne gestion forestière (FSC) certifie que les coupes forestières nécessaires à la production du papier utilisé pour ces publications ont été effectuées de manière responsable grâce à des pratiques forestières respectueuses de l'environnement.

ECO-LIBRIS
www.ecolibris.net

Cette collection de lectures choisies et graduées = 5000 arbres plantés.

JULES VERNE

20000 LIEUES SOUS LES MERS

Adaptation libre et activités : Pierre Hauzy
Illustrations : LibellulArt

LECTURES ELI SENIORS

PIERRE BORDAS ET FILS

20 000 lieues sous les mers
Jules Verne
Adaptation libre et activités : Pierre Hauzy
Illustrations : LibellulArt
Révision : Mery Martinelli

Lectures ELI
Création de la collection et coordination éditoriale
Paola Accattoli, Grazia Ancillani, Daniele Garbuglia (Directeur artistique)

Conception graphique
Sergio Elisei

Mise en page
Cristina Fabbricosi

Responsable de production
Francesco Capitano

Crédits photographiques
Shutterstock

© 2011 ELI S.r.l.
B.P. 6 - 62019 Recanati - Italie
Tél. +39 071 750701
Fax +39 071 977851
info@elionline.com
www.elionline.com

Police d'écriture utilisée 11,5 / 15 points Monotype Dante

Achevé d'imprimer en Italie par Tecnostampa Recanati
ERA 309.01
ISBN 978-88-536-0656-3

Première édition Février 2011

www.elireaders.com

Sommaire

Les épisodes enregistrés sur cédé sont signalés par les symboles qui suivent : **Début** ▶ **Fin** ■

LES PERSONNAGES PRINCIPAUX

Le harponneur
Ned Land

ACTIVITÉS DE PRÉ-LECTURE

Prologue

1 La « chose ».

Complète la grille avec les mots du paragraphe correspondant aux définitions.

L'année 1866 est marquée par un événement bizarre, un phénomène inexpliqué et inexplicable. En effet, depuis quelque temps, plusieurs navires ont observé en mer « une chose énorme » un objet long, fusiforme, parfois phosphorescent, infiniment plus grand et plus rapide qu'une baleine. Les témoignages s'accordent assez exactement sur la structure de l'objet ou de l'être vivant en question, la vitesse inouïe de ses mouvements, la puissance surprenante de sa locomotion ; de même, tous y voient une mystérieuse forme de vie qui laisse supposer que la « chose » a une existence en soi.

1 Bateaux.
2 Déclarations des personnes ayant vu personnellement « la chose ».
3 Indique la distance parcourue en un laps de temps donné (généralement une heure).
4 Synonyme de « vie ».
5 Synonyme de « force ».
6 Le plus gros et le plus connu des mammifères marins.
7 Entourée de mystère.
8 Synonyme de déplacement.
9 Étrange.
10 Synonyme de « chose ».
11 Le contraire de « court ».
12 Fait qui attire l'attention, qui suscite la curiosité.

2 L'opinion publique.

Relie les débuts de phrases numérotés de 1 à 3 à leur suite logique (A-C).

1 ☐ Aux États-Unis et en Europe,
2 ☐ Il y a d'un côté ceux qui pensent qu'il s'agit d'un monstre d'une force colossale,
3 ☐ Or, après enquêtes menées en Angleterre, en France, en Prusse, en Espagne, en Italie, en Amérique et même en Turquie,

a et de l'autre, ceux qui penchent pour un bateau « sous-marin » d'une extrême puissance motrice.
b il apparaît clairement qu'aucun pays au monde ne possède un tel engin.
c l'opinion publique est divisée en deux clans.

3 L'avis du professeur Aronnax.

Quels mots se cachent derrière les anagrammes placés dans le texte ?

Le 30 avril 1867, le célèbre professeur Pierre Aronnax du Muséum de Paris est de passage à New York. Dans l'entretien qu'il accorde au *New York Herald*, il déclare :
« *Les grandes profondeurs de l'* **Oncéa** ____________ *nous sont totalement inconnues. Que savons-nous de ces abîmes ? Et des êtres* **tavnivs** ____________ *qui habitent et peuvent habiter à douze ou quinze mille mètres au-dessous de la surface des eaux ? Si l'existence d'un* **merston** ____________ *marin me semble peu probable, un* **milana** ____________ *connu, mais de* **dimoinsens** ____________ *gigantesques est, par contre, une* **thyphoèse** ____________ *raisonnable.* »

Chapitre 1

Un voyage à haut risque

▶ 2 *New York, 2 juillet 1867*

— Monsieur Pierre Aronnax ?

— Lui-même. Le commandant Farragut ?

— En personne. Soyez le bienvenu, Monsieur le professeur.

— Je vous remercie, Commandant. Permettez-moi de vous présenter mon assistant, Conseil.

— Très heureux. Vous m'excuserez*, Messieurs, de vous quitter si vite, mais nous n'attendions que vous pour appareiller*. Un matelot* va vous conduire à votre cabine ; je vous ai placés à l'arrière, avec les officiers, vous y serez confortablement installés.

Quelques instants plus tard, je suis sur le pont et j'observe les derniers préparatifs de l'appareillage.

— Sommes-nous en pression ? demande le commandant Farragut à son ingénieur.

— Oui, Monsieur.

— *Go ahead*, crie le commandant.

À cet ordre transmis aux mécaniciens, les branches de l'hélice se mettent à battre les flots* de plus en plus vite et la frégate *Abraham-Lincoln* s'avance majestueusement au milieu des bateaux chargés de

vous m'excuserez excusez-moi.
appareiller quitter le port en parlant d'un navire.
matelot marin, homme d'équipage.
flots l'eau en parlant de la mer ; les vagues.

spectateurs. Les quais de Brooklyn et toute la partie de New York qui borde la rivière de l'Est sont également* couverts de curieux. Trois hourrahs, partis de cinq cent mille poitrines, éclatent successivement. Des milliers de mouchoirs s'agitent pour saluer l'*Abraham-Lincoln* et son courageux équipage. Adieu New York !

Une heure plus tard, la frégate court à toute vapeur sur les eaux sombres de l'Atlantique. Où ce voyage nous conduira-t-il ? Je l'ignore. Ce que je sais, par contre, c'est que lorsque le gouvernement des États de l'Union m'a proposé de faire partie de cette expédition, je n'ai pas songé* un instant à refuser. J'ai simplement changé de bateau. Au lieu de* rentrer en France, retrouver mon bureau au Muséum d'Histoire Naturelle, ma maison et mes chères études, j'ai accepté l'invitation du Secrétaire de la marine américain, et je me suis embarqué sur l'*Abraham-Lincoln* pour le plus excitant de mes voyages, sans doute, mais aussi le plus dangereux.

Mais commençons par le commencement. Et, d'abord, permettez-moi de me présenter : Pierre Aronnax, professeur d'histoire naturelle au Muséum de Paris. Je suis arrivé à New York fin mars, après un long voyage d'étude dans le Nebraska. Mon assistant Conseil et moi devions prendre le prochain bateau pour la France ; notre départ était fixé aux premiers jours de mai. À notre arrivée, les rumeurs* les plus folles agitaient la ville. Le port, surtout, où les gens de mer se préoccupaient au plus au point*. Depuis un an, plusieurs navires avaient rencontré sur leur route* une « chose énorme », plus grande et plus rapide qu'une baleine. Cet objet ou cet être vivant ne

également aussi.
je n'ai pas songé je n'ai pas pensé.
au lieu de plutôt que de (rentrer en France).
rumeurs nouvelles incontrôlées.
au plus haut point énormément.
route ici, voie de communication maritime.

ressemblait à rien de connu, ce qui naturellement alimentait toutes sortes d'hypothèses. Le monde scientifique s'interrogeait, l'opinion publique se passionnait et les journaux entretenaient l'émotion avec des histoires de monstres marins, effrayants et parfois ridicules. Plus sérieusement, les grandes compagnies maritimes s'inquiétaient* de la peur qui s'était emparée des voyageurs, et les compagnies d'assurance menaçaient d'augmenter leurs primes de risque. Pressés par les événements, les États de l'Union décident alors de passer à l'action et organisent une expédition pour purger* les mers de cette chose mystérieuse. À ma grande surprise, trois heures avant que la frégate *Abraham-Lincoln* ne quitte le port de New York, mon assistant m'apporte une lettre du Secrétaire de la marine. Cette lettre que je relis en quittant le pont, la voici:

Monsieur,
*Si vous voulez vous joindre à l'expédition de l'*Abraham-Lincoln, *le gouvernement de l'Union verra avec plaisir que la France soit représentée par vous dans cette entreprise. Le commandant Farragut tient une cabine à votre disposition.*
Très cordialement, votre

J.-B. HOBSON, Secrétaire de la marine.

De retour dans ma cabine, je remarque que mon fidèle Conseil a profité de mon absence pour défaire les valises et ranger nos vêtements.

— Voulez-vous m'expliquer, Professeur, ce que nous faisons sur ce navire, au milieu de tous ces Américains qui ne parlent qu'anglais ?

— Mais nous allons voir cette chose de plus près, mon brave Conseil. N'es-tu pas content de participer à cette aventure ?

s'inquiétaient se préoccupaient, se faisaient du souci.

purger nettoyer, débarrasser.

— Si, mais …

— Tu as peur ? Crois-moi, je ne suis pas très rassuré non plus ; mais tu comprends bien que l'auteur des *Mystères des grands fonds sous-marins* ne pouvait pas laisser passer une si belle occasion. Par contre, toi, tu n'étais pas obligé de me suivre. Pourquoi n'es-tu pas rentré en France comme je t'y avais autorisé ?

— Sans vous, jamais ! Depuis dix ans que je suis à votre service, je vous ai suivi partout dans le monde. Pourquoi voulez-vous que je vous abandonne* à présent ?

— Tu sais, pourtant, combien cette expédition est dangereuse.

— Dangereuse, c'est vite dit. Elle ne sera pas plus dangereuse que les six mois que nous venons de passer dans le Nebraska.

— Tu te trompes*, mon ami. Cette expédition est beaucoup plus risquée : peut-être que nous ne reverrons jamais Paris, ni la France.

— C'est une éventalité*, mais je n'y crois pas.

— À quoi ne crois-tu pas ?

— À toutes ces histoires que racontent les journaux : une île flottante, un écueil* qui apparaît et disparaît comme par magie, un monstre marin… De pures inventions de journalistes !

— Reconnais, au moins, que ces histoires, comme tu dis, sont bien étranges.

— Pourquoi étranges ? Depuis que l'homme navigue sur les mers, combien de naufrages, de bateaux engloutis*, d'équipages disparus ? Combien d'énigmes au fond des océans, de trésors à jamais perdus ? La mer est dangereuse, voilà tout. Pourquoi faut-il toujours voir du mystère là où il n'y en a pas ? Je me suis renseigné, vous savez : chaque année, trois mille navires disparaissent en mer, « le monstre » ne les a quand même pas tous dévorés !

que je vous abandonne que je vous laisse seul.
tu te trompes tu fais erreur.
éventualité possibilité.
écueil récif, rocher dans la mer.
engloutis disparus, comme 'mangés' par la mer.

— Tu as raison. Sauf qu'on n'a jamais observé autant de faits bizarres en une seule année. Et puis, nous avons les témoignages des capitaines et des hommes d'équipage ; ils sont unanimes : tous affirment avoir vu quelque chose de totalement inconnu à ce jour.

— Et s'ils se trompaient ? Ou s'il s'agissait* d'une de ces histoires que les marins racontent pour se donner de l'importance.

— Comme Moby Dick ?

— Exactement. Comme Moby Dick, la baleine blanche ! Ou le kraken* et ses tentacules géants, ou le serpent de mer ! Des élucubrations de marins en délire, voilà ce que j'en pense moi, Conseil !

— J'ai du mal à croire, mon ami, que des élucubrations puissent être à ce point concordantes d'un océan à l'autre. Je te rappelle que tous les livres de bord décrivent la même chose : un objet long, fusiforme, parfois phosphorescent et qui se déplace à une vitesse incroyable.

— Des mensonges bien orchestrés*, voilà tout. Ou alors une hallucination collective.

— Des mensonges ! Tu nies l'évidence, mon cher Conseil. Tu oublies le capitaine du *Governor-Higginson* qui affirme avoir vu le 20 juillet 1866, au large de l'Australie, deux colonnes d'eau projetées à cent cinquante pieds* dans l'air par un objet inconnu. Et trois jours plus tard, l'équipage du *Cristobal-Colon* qui affirme avoir vu la même chose, à sept cents lieues* marines de là ! Et le rapport de l'*Helvetia*, deux semaines plus tard ? Des histoires de marins ? Une hallucination collective ? Crois-tu que les capitaines des grandes compagnies maritimes s'amusent à inventer des monstres pour effrayer leurs passagers ?

— En admettant que cette chose existe, Professeur, pourquoi lui

s'il s'agissait (de) si c'était.
kraken monstre marin des légendes scandinaves.
bien orchestrés habilement mis en scène.
pied(s) ancienne unité de mesure ; un pied équivaut à 30,48 cm.
lieue(s) vingtième partie de degré du périmètre de la Terre. Une lieue vaut 3 milles, soit 5 555 mètres.

donner autant d'importance ? Cette expédition, ne risque-t-elle pas d'alimenter au contraire la psychose collective ?

— Très juste. D'ailleurs, il est probable que les choses en seraient restées là, s'il n'y avait eu l'accident du *Scotia*, le 13 avril.

— Une simple collision qui n'a pas empêché le bateau de rentrer au port avec tous ses passagers sains et saufs.

— Oui, mais une collision inexplicable, Conseil, et par un outil tranchant* que personne n'a vu venir et qui a perforé la tôle* de sa coque : un trou de quatre centimètres d'épaisseur !

— Pourquoi est-ce donc si important ?

— Mais parce que c'est la preuve que la « chose » existe. Ce trou, tout le monde l'a constaté ; il était donc impossible de minimiser davantage cette affaire. Sans compter que, depuis plus d'un an, le transport des passagers diminue chaque jour, car les gens ont peur de voyager. Le gouvernement ne pouvait plus rester sans rien faire. Il lui fallait* agir, et vite.

— Même si les probabilités de rencontrer le monstre sont absolument minimes ? Il y a tant de mers et d'océans !

— Qui ne tente rien n'a rien, Conseil. Et puis, il est trop tard pour faire machine arrière.

— Mon Dieu, j'allais oublier !

— Quoi donc ?

Un matelot est venu tout à l'heure nous inviter à la table du commandant.

Ça tombe bien*, j'ai une de ces faims ! Allons-y !

Dans le couloir, nous rencontrons un homme d'équipage qui nous conduit chez le commandant Farragut. Il nous reçoit dans son appartement, entouré de ses officiers. Légèrement en retrait*, je

outil tranchant instrument qui coupe.
tôle feuille de métal plus ou moins épaisse.
il lui fallait il devait.
ça tombe bien c'est une bonne nouvelle.
en retrait séparé du groupe.

remarque un homme de grande taille, d'une quarantaine d'années environ.

— Nous vous attendions pour passer à table, Messieurs, nous lance-t-il joyeusement.

Puis, indiquant l'homme que j'ai aperçu en entrant :

— Permettez-moi de vous présenter Ned Land, le roi des harponneurs*. Rassurez-vous, Professeur, ma frégate ne manque pas de munitions ; mais j'ai voulu engager notre ami canadien, qui est québecois et parle parfaitement votre langue, car avec lui notre monstre n'a qu'à bien se tenir. Il vaut à lui seul tous nos canons, nos flèches barbelées* et nos balles explosives !

— Vous savez ce que je pense de votre monstre, Commandant, dit le Canadien en me serrant vigoureusement* la main.

— Je sais que vous n'y croyez pas, Maître Land, dit le commandant, mais moi j'y crois et mes hommes aussi : je suis sûr que vous nous serez utile. À ce propos, savez-vous, Messieurs, que vous êtes en présence du plus grand spécialiste des fonds marins ? ajoute-t-il en me désignant à ses officiers. J'ai lu l'interview que vous avez accordée à notre quotidien local, Professeur : vous semblez convaincu qu'il s'agit d'un narval gigantesque, n'est-ce pas ?

— C'est une hypothèse, en effet, Commandant.

— Asseyez-vous donc à ma droite, Professeur, nous parlerons de tout cela pendant le repas.

harponneur pêcheur de cétacés (baleines, cachalots, narvals) qui utilise un harpon (long manche de bois relié au poignet et au bout duquel se trouve un crochet comme une grosse pointe de flèche).

barbelées hérissées de pointes.

vigoureusement avec force.

Compréhension et production

1 **Qui est qui ? À partir du texte, présente chacun des personnages cités.**

Pierre Aronnax ______________________
Farragut ______________________
Conseil ______________________
Ned Land ______________________

2 **Qui a dit (ou écrit) ? Récris correctement les répliques, puis indique par son initiale le nom de leur auteur.**

A. = Pierre Aronnax ; F. = Farragut ; C = Conseil ; L = Ned Land.

1 Voulez-vous m'expliquer, **sur ce que ce navire nous faisons.** ☐ C
____

2 Nous allons **plus voir cette chose de près.** ☐
____

3 **En cette chose admettant que existe,** pourquoi lui donner autant d'importance ? ☐
____

4 Depuis plus d'un an, **le transport diminue chaque jour des passagers** car les gens ont peur de voyager. ☐
____

5 **Mais rencontrer le monstre de les probabilités** sont absolument minimes ! ☐
____

6 **Qui n'a rien tente ne rien.** ☐
____

7 **à table, Messieurs pour passer Nous vous attendions** ☐
____

8 **Vous savez monstre ce que je pense de votre Commandant** ☐
____

9 J'ai lu l'interview que vous avez accordée à notre quotidien local, **n'est-ce pas qu'il s'agit d'un narval géant, vous pensez ?** ☐
____

3 Remets les paragraphes dans l'ordre logique du récit.

☐ Sans compter que chaque fois qu'un navire disparaissait en mer, son naufrage était mis sur le compte du « monstre ».

☐ Entre 1866 et 1867 des faits étranges et inexpliqués préoccupaient les pays d'Europe et d'Amérique : une chose énorme, plus grande et plus rapide qu'une baleine terrorisait les mers d'un bout à l'autre du monde.

☐ Le 2 juillet 1867, une frégate de la marine américaine partait du port de New York pour donner la chasse au monstre.

☐ Les communications entre les continents devenaient de plus en plus risquées : les commerçants craignaient pour leurs marchandises, les voyageurs avaient peur pour leur vie.

☐ Face au danger que représentait cette chose mystérieuse, les grandes compagnies maritimes avaient fait pression sur les gouvernements pour qu'ils organisent une expédition afin d'éviter la panique générale.

☐ À son bord, trois hommes, le professeur Aronnax, son assistant, Conseil, et le harponneur Ned Land s'apprêtaient à vivre une aventure inoubliable.

ACTIVITÉ DE PRÉ-LECTURE

4 Ned Land. Mets les verbes au présent de l'indicatif.

L'*Abraham-Lincoln* ne **manquait** __________ d'aucun moyen de destruction. Mais il **avait** __________ mieux encore. Il **pouvait** __________ compter sur Ned Land, le roi des harponneurs. Ned Land **était** __________ un Canadien, d'une habileté de main peu commune, et qui ne **connaissait** __________ pas d'égal dans son périlleux métier. Adresse et sang-froid, audace et ruse, il **possédait** __________ ces qualités à un degré supérieur. Ned Land **avait** __________ environ quarante ans. C'**était** un homme de grande taille, l'air grave, peu communicatif, violent parfois, et très rageur quand on le **contrariait** __________. Sa personne **provoquait** __________ l'attention, et surtout la puissance de son regard qui **accentuait** __________ singulièrement sa physionomie.

Chapitre 2

À l'aventure !

30 juillet 1867

Quatrième semaine de navigation

Quatre semaines après notre départ, nous sommes à proximité du détroit de Magellan. Grâce à ses énormes chaudières à vapeur, la frégate avance à vive allure* le long des côtes de l'Amérique du Sud. Dans quelques jours, nous allons doubler* le terrible cap Horn. Après l'Atlantique, nos recherches continueront dans l'océan Pacifique. Pour l'instant, aucune trace du monstre. Sur le pont, la vigilance est extrême : l'équipage surveille scrupuleusement la mer, jour et nuit. Il faut dire que les 2 000 dollars que le commandant Farragut a promis à celui qui signalera le premier l'animal font ouvrir grand les yeux* à tous, officiers et matelots. Ned Land et moi ne quittons plus le pont du navire. Seul Conseil reste indifférent à l'enthousiasme général, comme si cette aventure exceptionnelle l'ennuyait profondément.

Pendant les longues heures que nous passons ensemble, j'ai le temps de mieux connaître notre harponneur canadien. Je crois même qu'il me trouve sympathique, peut-être parce que nous parlons la même langue, lui et moi. Ned est originaire du Québec ; dans sa famille on est harponneur de père en fils depuis des générations. Et on parle

à vive allure rapidement.
doubler passer de l'autre côté.
ouvrir grand les yeux regarder avec beaucoup d'attention.

français. J'en profite pour lui demander son opinion sur la « chose » que nous chassons. À part Conseil, qui s'en moque éperdument*, Ned est le seul homme à bord à ne pas croire à l'existence d'une licorne* géante. Mais quelle est son opinion sur cette expédition ?

— Avez-vous une idée de ce que nous poursuivons, Ned ?

Ah ! Professeur, ne me parlez plus de cette fameuse licorne ! Vous savez que je n'y crois pas.

Ni à aucun cétacé, d'ailleurs. Comment pouvez-vous être si catégorique ? Avez-vous des raisons particulières d'être sceptique ?

— Question de bon sens, Professeur. Depuis le temps que je sillonne les mers avec mon harpon, si un tel animal existe, expliquez-moi pourquoi je ne l'ai jamais rencontré ?

— Les océans sont vastes, Ned, vous ne pouvez pas être partout, dis-je en riant.

— Sans doute, mais avouez* que c'est étrange …

— Qu'est-ce qui est étrange, mon ami ?

— Qu'aucun de ceux qui ont vu *votre* monstre, n'appartient à ma profession : des capitaines et des équipages de la marine marchande, des transports maritimes, des militaires… Pas un seul baleinier* comme moi !

— Simple coïncidence, la nature des témoins n'est pas importante ; ce qui compte, c'est ce qu'ils ont vu.

— Justement. Qu'ont-ils vu ? Une île flottante, une masse phosphorescente qui apparaît et disparaît à une vitesse prodigieuse ? Des colonnes d'eau de cinquante mètres projetées dans l'air, une longue queue qui s'agite dans la mer. Et pourquoi pas un serpent de mer, alors ? Si au moins ils se mettaient d'accord sur ce qu'ils ont vu ! me répond nerveusement Ned, qui a un caractère vif et s'emporte* facilement quand on le contredit*.

qui s'en moque éperdument qui ne s'y intéresse pas du tout.
licorne autre nom du narval.
avouez admettez, reconnaissez.
baleinier chasseur de baleines.
s'emporte s'énerve, se met en colère.
contredit exprime une opinion contraire à la sienne.

— Vous savez aussi bien que moi que les baleines soufflent lorsqu'elles remontent en surface.

— Oui, mais leur souffle n'atteint pas dix mètres !

— Vous oubliez le trou dans la coque en acier* du *Scotia,* vous ne pouvez pas le nier, ce trou.

— Non. Mais vous ne me ferez jamais croire que la dent d'un narval – puisque tout le monde à bord, vous compris, pense qu'il s'agit d'une licorne de mer – peut transpercer la coque d'un steamer*: c'est absurde.

— Ce trou ne s'est pourtant pas fait tout seul, Ned.

— Je dis qu'aucun animal n'a pu faire un trou pareil.

— Si ce n'est pas un animal, qu'est-ce que c'est ?

— Un engin mécanique, une machine de guerre secrète, peut-être. Un sous-marin ?

— C'est impossible, les gouvernements de tous les pays ont déclaré qu'ils ne possédaient pas de sous-marin.

— L'un d'eux a peut-être menti*.

— N'y songez pas, Ned. Les nations se surveillent les unes les autres, aucun pays ne pourrait construire une telle arme en cachette*.

— Alors quoi ?

— Le but de cette expédition est de nous l'apprendre, mon ami. Mais laissez-moi vous dire que si je pense en effet que le « monstre » que nous chassons est un être vivant, je ne crois pas plus que vous qu'il s'agit d'un animal fantastique. Par contre, un cétacé aux dimensions extraordinaires ...

— Les plus grandes baleines ne dépassent pas 56 mètres, et vos témoignages parlent d'un animal de cent mètres de long, c'est absurde !

— Pourquoi, Ned ? Avec toute votre expérience de la mer, vous

acier métal à base de fer, plus dur et plus résistant que celui-ci.
steamer bateau à vapeur.
a peut-être menti n'a peut-être pas dit la vérité.
en cachette secrètement ; à l'insu des autres.

n'en savez pas plus que moi sur la vie au fond des océans. Prenons le narval, vous connaissez les dimensions de ceux que vous avez chassés.

— Ils ne dépassent pas 5 mètres ; ajoutez trois mètres de corne …

— Cette corne est pourtant plus dure que le meilleur acier. Eh bien, supposez un instant qu'un pareil animal dix fois plus gros existe à des profondeurs que nous n'imaginons même pas. Lancé à toute allure contre un navire, sa corne peut produire le trou que nous avons constaté sur la coque en acier du *Scotia*.

— Vous êtes très savant, Professeur, mais vous ne me ferez jamais croire à l'existence d'un narval de cinquante mètres, et doté d'une corne de 30 mètres de long. Sans compter que, si sa vitesse de déplacement est proportionnelle à sa taille, nous n'avons aucune chance de le rattraper. L'*Abraham-Lincoln* peut marcher à combien ? 15, 16 milles* … 20 au maximum ! D'après vos calculs, votre narval pourrait atteindre 30 milles.

— C'est malheureusement vrai, Ned, dis-je ne sachant que répondre* à cette objection.

Le bon sens du harponneur canadien m'oblige à reconnaître que nos chances de rencontrer cet animal sont très limitées. Mais pouvait-on attendre sans rien tenter ? Ceci dit, l'optimisme règne à bord de l'*Abraham-Lincoln*, où personne ne doute un instant de l'imminente rencontre avec le narval géant. Dix, quinze, vingt fois par jour on croit l'apercevoir à l'horizon. Les fausses alarmes se multiplient dans un climat d'excitation impossible à décrire.

Trois mois plus tard, les recherches sont au point mort*. L'équipage est de plus en plus déprimé. À force de scruter en vain* l'horizon, les hommes n'y croient plus et veulent rentrer chez eux. Ils sont nombreux

milles milles par heure ; le mille équivaut à un tiers de la lieue marine, soit un peu moins de 1 852 mètres.
ne sachant que répondre je ne savais pas quoi répondre.
sont au point mort n'ont pas avancé ; n'ont produit aucun résultat.
scruter en vain observer inutilement.

à protester. À quoi bon continuer ? C'est inutile. Pas un point, des rivages du Japon à la côte américaine, n'est resté inexploré. Et rien ! Ni narval, ni épave*, ni île flottante ! Rien que l'immensité des flots déserts. Le mécontentement grandit de jour en jour et monte jusqu'au commandant Farragut, qui promet à l'équipage que, si d'ici trois jours aucun fait nouveau n'est à signaler, l'*Abraham-Lincoln* prendra le chemin du retour. Parole d'officier ! Trois jours plus tard, le monstre reste introuvable.

Le 5 novembre, fidèle à sa promesse, Farragut donne l'ordre tant attendu. Le soir même, appuyé sur le bastingage* à l'avant du navire en compagnie de mon fidèle assistant, je regarde une dernière fois l'océan pendant que la nuit tombe lentement. Je dis en plaisantant :

— Allons, Conseil, voilà une dernière occasion d'empocher* deux mille dollars.

— Que monsieur me permette de lui dire que je n'ai jamais compté sur cette prime, et le gouvernement de l'Union pouvait promettre cent mille dollars, il n'en aurait pas été plus pauvre.

— Tu as raison, Conseil. C'est une sotte affaire*, après tout, et je n'ai pas assez réfléchi. Que de temps perdu, que d'émotions inutiles !

Au milieu du silence général, Ned Land s'écrie tout à coup :

— Ohé ! la chose en question, sous le vent, par le travers à nous !

Il était temps ! Finalement nous le voyons, ce « monstre », son long corps noirâtre, sa queue qui s'agite et bat la mer avec une puissance formidable ! Il est là, à environ un mille de notre frégate. Pendant que nous nous observons, lui et nous, dans un silence tendu*, deux jets de vapeur et d'eau s'élancent vers le ciel et montent à une hauteur de quarante mètres, au moins. Plus de doute, c'est bien un cétacé. Mais est-ce une baleine, un cachalot*, un narval ? Je l'ignore encore.

épave navire abandonné en mer ou coulé à la suite d'un naufrage.
bastingage parapet.
empocher mettre dans sa poche.
sotte affaire affaire stupide.
tendu crispé, très nerveux.
cachalot cétacé de la même famille que les baleines.

D'ailleurs, aucune de ces espèces ne produit une telle lumière. Car ce monstre est phosphorescent, son corps ovale éclaire la nuit d'un éclat aveuglant*.

— Simple agglomération de molécules phosphorescentes ! s'écrie un officier.

— Non, Monsieur, dis-je avec conviction, cet éclat est de nature électrique.

L'équipage attend impatiemment les ordres de son chef. Le commandant donne l'ordre à l'ingénieur de forcer les feux :

— À toute vapeur ! lui lance-t-il.

L'heure de la lutte a sonné. La chasse commence. Mais les heures passent et le monstre reste insaisissable. 15, 16, 17 milles ... sa vitesse est constamment supérieure à la nôtre.

— Cette bête-là ne se laissera prendre que si elle le veut bien, dit Ned au capitaine. Vous voyez bien qu'elle nous nargue* !

— Malédiction ! s'écrie le commandant Farragut. Préparez-vous, Messieurs, car j'ai l'intention de poursuivre cet animal jusqu'à ce que ma frégate éclate.

— Tu as entendu, Conseil ? dis-je à mon fidèle domestique. Nous allons probablement sauter*.

— Ne vous en faites pas* pour moi, Monsieur, je suis bon nageur, dit Conseil.

L'ingénieur reçoit l'ordre de faire l'impossible. 18, 19, 20 milles ... au risque de faire exploser le navire. Rien à faire !

— Ce maudit animal nage plus vite que nous, dit Ned. Je vais m'installer à l'avant du bateau avec mon harpon et si nous arrivons à bonne distance, je harponne.

aveuglant éblouissant ; qui empêche de voir.
qu'elle nous nargue qu'elle nous défie, qu'elle se moque de nous.
sauter ici, exploser.
ne vous en faites pas ne vous faites pas de souci.

Quelle poursuite ! Comment décrire l'émotion que nous vivons à ce moment-là sur l'*Abraham Lincoln* ? Toute la nuit nous donnons la chasse au monstre lumineux. En vain. À l'aube, je remarque que ses lumières s'éteignent*. Nous nous rapprochons, il s'éloigne. Notre vitesse augmente, la sienne aussi. Les boulets de nos canons rebondissent sur sa carapace*. Cette bête n'est-elle donc jamais fatiguée ? D'après mes calculs, nous n'avons pas fait moins de 100 lieues, ce jour-là. Quel animal prodigieux ! Capable de nager si vite pendant plus de 20 heures sans se reposer ! Quand la nuit vient, l'animal disparaît brusquement. C'est fini, nous ne le reverrons plus. Mais je me trompe. À dix heures cinquante du soir, la lumière électrique réapparaît à trois milles de notre frégate, aussi pure, aussi intense que la nuit dernière. Le narval semble immobile. Peut-être est-il fatigué de sa journée ? Peut-être dort-il enfin ? Le commandant donne l'ordre de s'approcher lentement ; Ned Land prend position à l'avant, son harpon à la main. Lorsque l'*Abraham-Lincoln* n'est plus qu'à une trentaine de mètres de la « chose », le Canadien lance violemment son harpon. J'entends le choc sonore de l'arme qui heurte un corps dur. Au même moment, la lumière s'éteint brusquement, et deux énormes colonnes d'eau s'abattent sur la frégate. Un choc effroyable. Une énorme cascade d'eau se déverse* sur le pont et me jette par-dessus bord.

s'éteignent cessent d'éclairer.
carapace ici, protection, blindage.
se déverse tombe.

Compréhension et production

1 Coche la bonne réponse. Justifie ton choix en citant un passage du texte.

1 Le commandant Farragut
- **a** ☐ a ordonné à l'équipage de ne pas quitter le pont du navire.
- **b** ☐ a promis une récompense au premier marin qui verra le « monstre ».
- **c** ☐ a offert 2000 dollars à Ned Land.

Justification ______________________________

2 À bord tout le monde est convaincu de l'existence d'un animal prodigieux, sauf
- **a** ☐ Ned Land.
- **b** ☐ Conseil.
- **c** ☐ Pierre Aronnax.

Justification ______________________________

3 Le professeur Aronnax croit qu'il s'agit
- **a** ☐ d'un sous-marin.
- **b** ☐ d'une gigantesque pieuvre.
- **c** ☐ d'un cétacé de très grande taille.

Justification ______________________________

4 Après trois mois de navigation,
- **a** ☐ Le commandant Farragut accepte d'arrêter les recherches.
- **b** ☐ Ned Land demande au commandant de le ramener chez lui.
- **c** ☐ L'équipage espère encore trouver le « monstre ».

Justification ______________________________

2a À quelle vitesse le commandant Farragut pousse-t-il l'*Abraham-Lincoln* ?

☐ 27,78 km/h. ☐ 33,33 km/h. ☐ 37,04 km/h.

2b Combien de kilomètres l'*Abraham-Lincoln* a-t-il parcouru le 6 novembre ?

☐ Moins de 500 km. ☐ Plus de 500 km.

Grammaire du texte

3 Place correctement les adjectifs dans le texte en les accordant s'il y a lieu.

artificiel • aveuglant • bon • énorme • formidable • inconnu • long • noirâtre • phosphorescent • redoutable

Finalement nous voyons ce ____________ « monstre ». Il a un ____________ corps ____________ et une queue qui s'agite et bat la mer avec une puissance ____________. En plus, il est ____________, sa masse ovale éclaire la nuit d'un éclat ____________. Il est à un ____________ mille de notre frégate. Pendant que nous l'observons, deux ____________ jets de vapeur et d'eau s'élancent vers le ciel. C'est bien un cétacé, mais d'une espèce ____________. Baleine, cachalot, narval ? Le problème, c'est qu'aucune de ces espèces ne produit de lumière ____________.

ACTIVITÉS DE PRÉ-LECTURE

Production orale

4 La violence de l'eau qui s'est abattue sur le pont de la frégate a projeté le professeur Aronnax par-dessus bord. Que sont devenus ses compagnons, l'*Abraham-Lincoln* et tout son équipage ? Imagine les minutes qui suivent cette incroyable fortune de mer.

Production écrite

5 Qu'écrira demain le commandant Farragut dans son journal de bord à la date du 6 novembre 1866 ?

Chapitre 3

Le capitaine Nemo

3 « Au secours ! Au secours ! » Je crie de toutes mes forces en direction de l'*Abraham-Lincoln*. Hélas* ! Le navire s'éloigne lentement dans la nuit. « Ohé ! Par ici ! Un homme à la mer ! » J'essaie de nager, mais l'eau colle mes vêtements à mon corps et paralyse mes mouvements. « Sauvez-moi ! À l'aide ! » Ce cri, désespéré est mon dernier appel : ma bouche se remplit d'eau, j'étouffe, je coule*.

Soudain, une main vigoureuse me saisit* et me remonte à la surface. Conseil !

— Toi !?

— Moi-même, Monsieur.

— Tu es donc tombé à la mer, toi aussi ?

— Non, j'ai sauté quand vous êtes précipité.

— Mais pourquoi ?

— Mais parce que je suis au service de monsieur.

Quel dévouement* ! Ce brave garçon vient de me sauver la vie et il trouve cela tout naturel !

— Allons, allons, ce n'est pas le moment de s'attendrir ! Reprenez vos forces, Monsieur. Tenez, appuyez-vous sur mon épaule*: nous allons nager ensemble.

— Et la frégate ?

hélas malheureusement.
je coule je me noie ; mon corps descend au fond de la mer.
me saisit me tient brusquement.
dévouement empressement, don de soi pour une cause ou une personne.
épaule la partie du bras qui se rattache au thorax, juste sous le cou.

— Ne comptez pas trop sur elle, l'hélice et le gouvernail* sont brisés*.

— Alors, nous sommes perdus, mon pauvre ami.

— Peut-être, dit Conseil, mais nous avons encore quelques heures à vivre. Et, en quelques heures, on fait beaucoup de choses !

Vers une heure du matin, après une partie de la nuit passée dans l'eau glacée, je suis épuisé*. À bout de forces, je dis à Conseil :

— Laisse-moi ! Laisse-moi !

— Jamais, Monsieur.

Le brave garçon s'obstine à vouloir me sauver la vie. Il me tire à lui et nage pour deux, mais je sens qu'il ne pourra pas résister très longtemps.

Tout à coup, alors que nous avons perdu tout espoir, une voix s'élève dans la nuit. Ned ? ...

— Ned ? dis-je en ouvrant les yeux.

— En personne, Professeur !

— Il était temps, Monsieur. Une minute de plus et vous n'étiez plus de ce monde, ajoute Conseil, heureux de me revoir.

— Que s'est-il passé ?

— Vous vous êtes évanoui*.

— Où sommes-nous ?

— Sur le dos de votre narval ! me dit Ned.

— Vous voilà bien obligé d'y croire à présent, lui dis-je en souriant.

— Sauf que* votre bête, Monsieur le professeur, est faite en plaques d'acier.

— En quoi ? dis-je en me levant.

— Jugez par vous-même.

gouvernail pièce de bois ou de métal placée à l'arrière d'un navire lui permettant de se diriger en mer.
brisés cassés.
épuisé très fatigué, à bout de forces.
vous vous êtes évanoui vous avez perdu connaissance.
sauf que mais.

La lune à travers les nuages éclaire la surface de la mer ; je regarde autour de moi : Ned dit vrai, nous avons trouvé refuge sur un immense poisson d'acier, immobile.

— Cet engin* ne s'est pas fait tout seul. À l'intérieur, il doit y avoir* un équipage. Et donc, nous sommes sauvés.

— Hum ! fait Ned. Je n'en suis pas si sûr.

— Moi non plus, dit Conseil. Nous ne connaissons pas les intentions de ses occupants.

— Appelons-les, dis-je. Nous verrons bien.

— Non, Professeur. Laissons-les dormir. Attendons que le jour se lève.

Une longue attente s'ensuit. Allongés sur le dos du monstre, nous attendons les premières lueurs* de l'aube.

Elle arrive enfin. Mais à cet instant précis, à l'arrière de la chose, les flots se mettent à bouillonner*.

— Diable, dit Ned, voilà qu'ils se réveillent !

— On dirait le bruit d'une hélice ...

— Sans doute Monsieur, dit Conseil. D'ailleurs, regardez, nous avançons.

— Si cet animal-là décide de plonger, nous sommes perdus ! s'écrie Ned en frappant du pied la tôle. Ouvrez ! Mais ouvrez donc ! Qu'attendez-vous pour frapper, Professeur ? Et vous Conseil ? Bon sang ! Allez ! ... Plus fort !

Bang ! Bang ! Bang ! Bang ! Bang ! Bang ! Bang !

— Sont-ils donc tous sourds* là-dedans ?! dit Ned.

— Chut ! dis-je. On vient.

Le sous-marin s'est lentement arrêté. Nous entendons des bruits métalliques à l'intérieur de la coque ; une plaque de fer se soulève tout de suite après et huit hommes d'équipage, grands et forts, nous poussent en silence à l'intérieur de leur formidable machine. Ouf ! Pendant que nous

engin machine.
il doit y avoir il y a sûrement.
lueurs lumières.
bouillonner faire des bulles et des remous.
sourds privés du sens de l'ouïe (qui permet d'entendre les sons, les voix ...).

descendons une échelle métallique, je sens que nous nous enfonçons lentement dans les profondeurs de la mer. Nos gardiens nous font avancer dans le noir ; j'entends le bruit d'une porte qui s'ouvre ; nous entrons, la porte se referme derrière nous. Nous restons seuls dans l'obscurité la plus complète. Où sommes-nous ? Qui sont ces gens ? Des pirates ?

— J'ai encore mon couteau dans ma poche, dit Ned. Le premier de ces bandits* qui met la main sur moi ...

— Calmez-vous, Ned, dis-je au harponneur. On nous écoute peut-être. Essayons plutôt de savoir où nous sommes.

Environ une heure plus tard, notre prison s'éclaire brusquement. Une clarté blanche et vive se répand dans la pièce comme par magie. Elle provient d'un demi-globe suspendu au plafond de la cabine qui nous sert de prison. Je reconnais immédiatement cette lumière, mais je n'en crois pas mes yeux : celui qui a réalisé un tel prodige est en avance d'un demi-siècle sur notre temps.

— C'était donc ça ! dis-je, ébloui.

— Quoi donc Professeur ? me demande Conseil, aveuglé par l'éclat de la lumière.

— Mais la phosphorescence autour du monstre, ce nuage lumineux ! L'électricité, Conseil ! Cette lumière est électrique.

— Enfin on y voit clair, dit Ned, son couteau à la main. Électrique ou pas, nous allons voir à qui nous avons affaire !

Un bruit de verrou* se fait entendre. La porte s'ouvre et deux hommes entrent dans notre cabine. Le plus grand des deux nous examine longuement sans dire un mot. Puis il se retourne vers son compagnon et lui parle dans une langue que je ne connais pas. Je prends alors la parole et je fais les présentations : Ned, Conseil, moi-même. Mais ils ne semblent pas comprendre ma langue.

bandits malfaiteurs, hors-la-loi.

verrou dispositif placé dans une porte et actionné par une clé.

— À votre tour, Ned, dis-je au harponneur, peut-être que ces messieurs comprennent l'anglais.

Ned ne se fait pas prier, mais les mots du Canadien ne leur font pas plus d'effet que mon français.

— Avec votre permission, Monsieur, dit Conseil, je peux essayer de leur parler allemand.

— Comment ! Tu sais l'allemand ?

— Vous oubliez que je suis flamand* : tous les Flamands savent l'allemand, à leur manière.

— Eh bien, vas-y ! Qu'attends-tu ?

Peine perdue. Ni français, ni anglais, ni allemand...

— Mais quelle langue parlent donc ces sauvages ? s'écrie Ned.

— Je vais essayer en latin, dis-je, on ne sait jamais.

Même résultat négatif.

— Mes amis, dis-je, nous avons tout essayé. Nous n'avons plus qu'une chose à faire...

— Nous taire*, dit Conseil.

— Bien dit, mon garçon.

— Je veux bien me taire, s'exclame Ned, mais qu'on me donne au moins à manger ! Et à boire !

Les deux hommes se regardent un instant. Puis, à notre grande surprise, ils échangent quelques mots et sortent rapidement.

— Je parie que ces bandits ont l'intention de nous laisser mourir de faim et de soif ! s'écrie Ned, hors de lui*.

— C'est possible, dis-je, mais la colère ne mène à rien. Attendons.

Heureusement, l'attente n'est pas longue. Des pas suivis d'un bruit de clé : la porte s'ouvre tout à coup sur un homme qui nous apporte des vêtements secs et un repas chaud.

flamand habitant des Flandres, région du nord de la Belgique.
nous taire ne plus parler, ne rien dire.
hors de lui très en colère.

— Vous voilà servi, Maître Land, dit Conseil. Des vêtements secs, un bon dîner, que voulez-vous de plus ?

— Je veux sortir d'ici ; je n'ai pas du tout l'intention de moisir* dans cette boîte de fer.

— Mangeons d'abord, dit Conseil.

Je remarque que les assiettes et les couverts* portent tous la même lettre : un « N » majuscule entouré de la devise : *Mobile dans l'élément mobile*. C'est sans doute l'initiale de l'énigmatique personnage qui commande au fond des mers !

Après le dîner, la fatigue se fait sentir. Le sommeil nous prend à même le sol, comme dans un rêve.

À notre réveil nous avons du mal à respirer.

— On étouffe là-dedans ! s'écrie Ned.

— Nous sommes en plongée, mon ami. Il faut attendre que cet engin qui m'a tout l'air d'être un sous-marin remonte à la surface.

— Pourquoi attendre ? dit Ned en s'élançant vers la porte.

— Calmez-vous, Maître Land, et écoutez-moi ! dit en français une voix grave, en même temps que s'ouvre brusquement la porte et qu'un homme en uniforme bleu apparaît. Cheveux noirs et barbe noire, casquette à visière surmontée d'un « N », pas de doute possible.

— Le commandant !

— Lui-même, Messieurs, nous dit-il simplement.

— Pourquoi diable avez-vous attendu si longtemps ? Voulez-vous donc nous faire mourir d'asphyxie ? dit Ned, encore très énervé, et absolument pas impressionné par le mystérieux personnage en face de lui.

— Un peu de patience, Maître Ned, dans quelques instants, l'air frais de la mer emplira votre cabine.

— Vous me connaissez donc ?

moisir ici, de rester longtemps.

couverts ustensiles de table (couteaux, fourchettes, cuillères).

— Je vous écoutais tout à l'heure quand vous vous êtes présentés tous les trois. Et si j'ai tardé à vous rendre cette visite, c'est que j'ai beaucoup hésité. Vous êtes venus troubler* mon existence solitaire …

— Sans le vouloir, dis-je.

— C'est faux, Professeur. L'*Abraham-Lincoln* me donne la chasse depuis quatre mois ; j'ai le droit de vous traiter en ennemis.

— Nous sommes donc vos prisonniers ? dit Ned.

— Exactement, répond le commandant. Mais des prisonniers libres d'aller et de venir où bon leur semble* sur mon vaisseau.

— Une prison sans chaînes, c'est tout de même une prison, observe Conseil. Quand nous laisserez-vous partir ?

— Jamais, dit le commandant. Vous êtes venus surprendre un secret que nul* homme au monde ne doit pénétrer, le secret de mon existence ! Jamais vous ne raconterez à d'autres hommes ce que vous avez vu ni ce que vous verrez à bord.

— Mais qui êtes-vous donc ? dis-je.

— Je suis le capitaine Nemo, commandant du *Nautilus*. Et vous êtes mes passagers. Pour toujours.

— Encore heureux que vous ne nous faites pas payer le voyage, ironise* Ned.

— Maître Land, là où nous allons, vous n'aurez pas besoin d'argent.

Le capitaine Nemo appelle alors un de ses hommes.

— Suivez-le, dit-il en s'adressant à Ned et à Conseil, un repas vous attend dans votre cabine. Et vous, Professeur, suivez-moi.

— À vos ordres, Capitaine.

troubler déranger.
où bon leur semble où vous voulez.
nul aucun.
ironise dit en plaisantant.

Compréhension et production

1 a Relie les débuts de phrases numérotés de 1 à 9 à leur suite logique (A-I).

1 ☐ Le professeur appelle à l'aide
2 ☐ Conseil lui vient en aide et lui dit
3 ☐ À bout de forces, le professeur demande à Conseil
4 ☐ Sur le pont du sous-marin, le professeur veut
5 ☐ Ned n'est pas d'accord, il préfère
6 ☐ Dans le sous-marin, le professeur dit à Ned
7 ☐ Il demande aussi à Ned
8 ☐ Le capitaine Nemo ordonne à Ned et à Conseil
9 ☐ Il demande ensuite au professeur

a de lui promettre qu'il se tiendra tranquille.
b appeler ses occupants.
c les laisser dormir.
d de s'appuyer sur son épaule.
e de le laisser.
f pour que quelqu'un le sauve.
g de suivre un de ses hommes.
h de le suivre.
i de se calmer.

1 b Retrouve dans le chapitre les ordres correspondants aux phrases reconstituées de l'exercice 1.

1 *F* *Sauvez-moi !*
2 __ ____________
3 __ ____________
4 __ ____________
5 __ ____________
6 __ ____________
7 __ ____________
8 __ ____________
9 __ ____________

Grammaire du texte

2 À table. Les trois naufragés mangent de bon appétit, mais Ned proteste. Que dit-il ? Complète ses phrases à l'aide d'un article (attention au partitif !)

« ______ poisson, que ______ poisson ! Je parie que même cette salade est ______ salade ______ poisson. N'ont-ils donc pas ______ viande sur ce maudit bateau. Et puis pas ______ pain, pas ______ vin, que ______ l'eau ! »

3 Le capitaine Nemo explique aux trois naufragés ce qui les attend. Complète d'abord la grille en conjuguant les formes verbales au futur de l'indicatif puis place-les correctement dans le texte.

« Vous êtes mes prisonniers. Vous ne **quitter** ___________ jamais le *Nautilus*. Vous ne **raconter** ___________ à personne ce que vous **voir** ___________. En revanche, vous **être** ___________ libres à bord et vous **pouvoir** ___________ aller où vous **vouloir** ___________. Croyez-moi, vous ne **regretter** ___________ pas le temps passé à mon bord car nous **faire** ___________ ensemble un voyage fantastique qui vous **étonner** ___________, qui vous **émerveiller** ___________, qui vous **transformer** ___________ à jamais. »

	T	**V**		**É**		O			E		A
		O									
S	A	U									
E						**V**	E			E	
E		E		**F**	E		O				
	O										
			P	O	U			E			
É		E			E	I			E		A
	E		**Q**	U	I			E		E	
	R	E			E			E		E	
R	A		O			E		E			

Production orale

4 À deux. Jouez les scènes suivantes.

1. En mer. Le professeur Aronnax et Conseil.
2. Sur le pont du sous-marin. Le professeur Aronnax et Ned.
3. Dans une cabine du sous-marin. Le capitaine Nemo et Ned.

ACTIVITÉ DE PRÉ-LECTURE

Production écrite

5 Comment imagines-tu le *Nautilus,* la vie du capitaine Nemo et de ses hommes à bord ? Que font-ils ? Où vont-ils ? Que mangent-ils ?

Chapitre 4

Le *Nautilus*

Le capitaine Nemo et moi sortons de la cabine. Au bout* d'un long couloir, nous entrons dans une salle à manger. Au centre de la salle, je remarque une table richement servie.

— Asseyez-vous, Professeur. Vous devez être affamé*.

— D'où viennent tous ces aliments, Capitaine ?

— Mais de la mer. La mer me fournit tout : ma nourriture, mes vêtements, l'électricité qui nous éclaire en ce moment.

— Vous aimez donc tant la mer ?

— Oui ! Je l'aime ! La mer est tout ! Elle couvre les sept dixièmes du globe terrestre. Son souffle est pur et sain. C'est l'immense désert où l'homme n'est jamais seul, car il sent frémir la vie à ses côtés. Là seulement est l'indépendance ! Là, je ne reconnais pas de maîtres ! Là, je suis libre !

Le visage du capitaine est transfiguré. Ses yeux brillent comme des éclairs noirs. Pendant tout le repas, j'ai beaucoup de mal à soutenir son regard ardent. Qui est donc cet homme ? Quel mystère se cache derrière cette farouche* solitude ? Il semble d'ailleurs avoir deviné mes pensées.

— Je comprends bien que tout ceci vous étonne, Professeur, et si je vous oblige, vous et vos compagnons, à partager mon destin, je

au bout au fond.
être affamé avoir très faim.
farouche intransigeante.

n'ai pas l'intention de vous forcer* à aimer la mer comme je l'aime moi-même. C'est pourquoi mes appartements sont à votre entière disposition. Suivez-moi, je vais vous faire visiter mon *Nautilus*. Commençons par ma bibliothèque ...

— Des livres, ici ?

— J'en ai douze mille, Professeur, ils sont à vous ; il y a bien longtemps que la lecture ne m'intéresse plus. Et voici mon salon. Quant à* cet instrument, il est avec la mer mon seul ami ; si vous aimez la musique, Professeur, j'aurai le plaisir de jouer quelquefois pour vous.

Devant mes yeux ébahis* défilent alors des milliers de livres rares, soigneusement rangés sur des étagères de bois sombre ; partout des fauteuils, des divans, des tapis précieux ... Une richesse prodigieuse, un luxe inouï ! Comment un seul homme peut-il posséder autant de merveilles ? Ici, un tableau de Léonard de Vinci ; là, une Madone de Raphaël ; et puis des gravures, des sculptures ... des chefs-d'œuvre en pagaille*. Un véritable musée sous la mer ! Et, au fond de la salle, un orgue, immense, qui occupe toute une paroi.

— Et ces instruments ? dis-je en indiquant plusieurs cadrans bizarres. À quoi servent-ils ?

— Monsieur le professeur, ces instruments sont le cœur du *Nautilus* ; j'ai les mêmes dans ma chambre. Ils me renseignent constamment* sur le fonctionnement de mon sous-marin : pression, température, vitesse, direction, énergie ... Suivez-moi, votre chambre est d'ailleurs à côté de la mienne.

Nous nous dirigeons alors vers l'avant du navire. Le capitaine me montre ma chambre, puis m'invite dans la sienne.

forcer obliger.
quant à pour ce qui est de ; à propos de.
ébahis stupéfaits.
en pagaille en grand nombre et en vrac.
constamment à tout moment.

— Asseyez-vous, me dit-il. Je vais vous expliquer. Rappelez-vous seulement ceci : je dois tout à l'océan. Il produit mon électricité ; et l'électricité donne au *Nautilus* la chaleur, la lumière, le mouvement, la vie en un mot. Tout se fait grâce à elle. Elle m'éclaire, elle me chauffe, elle purifie l'eau de mer que vous avez bue à table, elle fournit l'énergie nécessaire à mon hélice qui me permet de filer à 50 milles à l'heure.

— Mais l'air que vous respirez lorsque vous êtes sous la mer ?

— Oh ! l'air, je pourrais facilement en produire, mais c'est inutile puisque je remonte à la surface quand il me plaît*. Remarquez que l'électricité m'est bien utile pour emmagasiner l'air dans mes réservoirs*, lorsque je décide de rester plusieurs jours de suite dans les profondeurs de la mer.

— Mais comment obtenez-vous autant d'électricité ? Sur terre, nous en sommes encore bien incapables.

— Je vous l'ai dit, Professeur, la mer me fournit toute mon énergie. Comment ? Puisque vous ne quitterez jamais ce bateau, je pourrais vous expliquer en détail le fonctionnement de mon *Nautilus*. Mais vous êtes un savant, je suis sûr que vous préférerez découvrir ses secrets par vous-même. Je vous l'ai dit : vous êtes libre d'aller où bon vous semble. Observez, vous comprendrez.

— Dites-moi au moins comment vous avez pu fabriquer en secret cet incroyable vaisseau. L'avez-vous construit vous-même ?

— Mes hommes et moi, sur une île déserte. Je suis ingénieur. Du temps que j'étais sur la terre, j'ai étudié à Paris, à Londres, à New York. Pour construire mon *Nautilus*, j'ai fait venir chaque partie d'un point différent du globe afin de ne pas éveiller les soupçons : France, Prusse, Suède, Angleterre... Puis nous les avons assemblées.

— Mais il faut beaucoup d'argent pour fabriquer un tel navire ! Vous êtes donc si riche ?

quand il me plaît quand je veux.

réservoirs récipients hermétiques servant à contenir des liquides ou, comme ici, de l'air.

— Riche à l'infini, Professeur. Plus riche même que votre pays.

Sans me laisser le temps de lui demander d'où provient tout cet argent, le capitaine Nemo appuie sur un bouton à côté de lui.

— Allons rejoindre vos amis au salon, me dit-il ; vous allez assister à un spectacle inoubliable.

Nous sortons. Je marche derrière lui, absorbé dans mes pensées. À quelle nation appartient cet homme étrange qui dit n'appartenir à aucune ? D'où lui vient son goût pour la solitude, loin de toute forme de civilisation ? De qui a-t-il peur ? De quoi ?

En entrant dans le salon, mes deux compagnons restent pétrifiés* à la vue des merveilles entassées devant leurs yeux.

— Et, maintenant, Messieurs, que le spectacle commence ! dit le capitaine Nemo.

Alors les lumières du plafond s'éteignent comme par enchantement et deux panneaux sur le flanc du *Nautilus* glissent lentement : l'océan pénètre tout à coup dans le salon.

— Mais il est fou, s'écrie Ned ; voulez-vous donc nous noyer* ?

— Chut ! dit le capitaine. Regardez !

— Voyons, Maître Land, calmez-vous ! Vous voyez bien que nous sommes protégés par une vitre de cristal, observe Conseil, ravi* d'assister à un tel spectacle.

Comme à travers une grande fenêtre ouverte sous la mer, nous découvrons stupéfaits une transparence inouïe*, une lumière liquide et si douce que je ne peux la décrire. Quelle merveille ! Éclairé par les puissants projecteurs électriques du *Nautilus*, un monde plein de vie s'agite à quelques mètres de nous. Nous nous rapprochons de la vitre :

pétrifiés immobiles, comme des statues.
nous noyer nous faire mourir dans la mer par asphyxie.
ravi très heureux.
inouïe extraordinaire.

des dizaines, des centaines de poissons multicolores défilent devant nos yeux. Pendant deux heures, tous les habitants des profondeurs viennent nous rendre visite et nous offrent le spectacle naturel le plus émouvant du monde.

— Je vois que le spectacle vous a plu*, Messieurs, dit le capitaine Nemo pendant que se referment les panneaux du salon.

— Je n'ai jamais rien vu de si beau, dis-je.

— Moi non plus, dit Conseil.

— Et vous, Maître Land, qu'en pensez-vous ? demande le capitaine Nemo.

— Très intéressant, en effet. Même si tous ces poissons n'ont plus de secret pour moi. Depuis le temps que je leur donne la chasse !

— Allons nous coucher, il est tard, dit le capitaine en nous saluant. Demain, si vous le voulez bien, je vous invite à visiter avec moi la forêt de l'île de Crespo.

— Nous descendons à terre ? demande le Canadien. À la bonne heure, je vais enfin pouvoir me dégourdir* les jambes !

— Patience, Maître Land. À demain.

Le lendemain, 17 novembre, à mon réveil, je sens que le *Nautilus* est parfaitement immobile. Je m'habille rapidement et j'entre dans le salon. Le capitaine est là avec Conseil et Ned.

— Acceptez-vous mon invitation, Professeur ?

— Volontiers, Capitaine. J'aimerais cependant savoir comment un amoureux de la mer comme vous peut-il désirer encore posséder des terres ?

— Monsieur le professeur, les forêts que je possède ne sont pas des forêts terrestres, ce sont des forêts sous-marines.

vous a plu que vous avez apprécié, aimé (le spectacle).

dégourdir remettre en mouvement, en activité.

— Des forêts sous-marines !

— Oui, Monsieur Aronnax.

— Et vous nous proposez d'y aller ?

— Précisément.

— À pied ? dit Ned en ricanant*.

— Pourquoi pas, Maître Land. Je vois bien que vous me prenez pour un fou, mais rira bien qui rira le dernier. Allons-y, Messieurs.

— Qu'en pensez-vous, Professeur ? Je suis curieux de voir ça, dit Conseil.

— Moi aussi mon ami, très curieux.

Le capitaine Nemo nous conduit à l'arrière du *Nautilus*. Près de la salle des machines, il nous fait passer dans une sorte de vestiaire* et nous montre nos vêtements de promenade.

— Vous les reconnaissez, Professeur ? Ce sont de simples scaphandres.

— Des scaphandres, en effet, dis-je ; mais où sont les tuyaux de caoutchouc qui nous permettront de respirer sous l'eau ?

— Ils n'en ont pas, Professeur, pour la bonne et simple raison qu'ils n'en ont pas besoin, dit le capitaine. Regardez le dos de vos habits, ces réservoirs que vous voyez contiennent de quoi vous faire respirer pendant toute la durée de notre promenade.

— Encore une de vos boîtes ! s'écrie Ned. N'essayez pas de me faire entrer là-dedans !

— On ne vous force pas, Maître Land, libre à vous de rester à bord, si vous préférez, dit le capitaine. Et vous, Conseil, que décidez-vous ?

— Je suis monsieur partout où va monsieur, répond Conseil en me regardant.

— Eh bien, habillons-nous et attendons que le *Nautilus* touche le fond pour sortir, dit encore le capitaine.

en ricanant en riant pour se moquer.

vestiaire pièce où l'on peut déposer provisoirement ses vêtements.

Ce sont ses derniers mots, les nôtres aussi d'ailleurs.

Lorsque la porte extérieure du *Nautilus* s'ouvre et que la mer envahit la pièce où nous nous trouvons, j'avoue que je ne suis pas très rassuré. Aurons-nous assez d'air ? Le calme du capitaine Nemo me tranquillise : cet homme extraordinaire ne peut pas s'être trompé. Sous la mer, notre longue promenade est évidemment* silencieuse, nous ne communiquons que par gestes.

Après une bonne heure de marche, je découvre, émerveillé, une véritable forêt sous-marine, faite d'arbres immenses : des branches, des feuilles, toute une végétation verticale dressée au fond de l'océan. Nous marchons sur un tapis d'herbes fines et droites comme des tiges de fer.

Le capitaine Nemo nous fait signe. Sommes-nous perdus ? Non, nous nous arrêtons simplement pour une pause avant de rentrer. Comme je l'interroge du regard sur le chemin du retour, il m'indique au loin le sous-marin, éclairé de tous ses feux électriques.

De retour à notre vaisseau, nous pénétrons dans le *Nautilus* comme nous en sommes sortis trois heures plus tôt. Nous entrons d'abord dans une petite cellule* ; le capitaine ferme la porte derrière nous, puis il appuie sur un bouton pour actionner les pompes. Lentement, l'eau baisse autour de nous. Quand la cellule est entièrement vidée, une seconde porte s'ouvre et nous entrons dans le vestiaire. Là, des membres de l'équipage nous retirent nos scaphandres.

Fatigué comme jamais, mais heureux, je regagne* ma chambre, tout émerveillé de cette surprenante excursion en mer.

évidemment naturellement.
cellule ici, petite pièce étanche entre l'air et l'eau qui permet de passer de l'intérieur à l'extérieur du sous-marin, et vice versa.
je regagne je rejoins, je retourne dans.

Compréhension et production

1 Vrai (V), Faux (F) ou On ne sait pas (?).
Justifie tes réponses en citant le texte.

	V	F	?
1 Le capitaine Nemo et Pierre Aronnax déjeunent ensemble. Justification ______________________________	☐	☐	☐
2 L'air que les occupants du Nautilus respirent lorsque celui-ci est en plongée est produit par un moteur. Justification ______________________________	☐	☐	☐
3 Le professeur a lu tous les livres de la bibliothèque du *Nautilus*. Justification ______________________________	☐	☐	☐
4 Le capitaine Nemo explique au professeur le fonctionnement du sous-marin. Justification ______________________________	☐	☐	☐
5 Le matériel qui a servi à la construction du sous-marin vient de Paris, Londres et New York. Justification ______________________________	☐	☐	☐
6 Le professeur et Conseil partent visiter les forêts de l'île de Crespo à bord du canot du capitaine. Justification ______________________________	☐	☐	☐
7 Les scaphandres sont reliés au Nautilus par des tuyaux remplis d'air. Justification ______________________________	☐	☐	☐
8 Ned Land refuse de quitter le Nautilus. Justification ______________________________	☐	☐	☐

Vocabulaire

2 **Complète la description du *Nautilus* à partir des indices entre parenthèses.**

À l'avant, le *Nautilus* se compose d'une (**table, chaises**) _salle à manger_ de cinq mètres, suivie d'une (**livres**) ________ et d'un grand (**divan, fauteuils, coussins**) ____________ de dix mètres; viennent ensuite deux (**lit**) ____________, celle du capitaine et la mienne. En allant du centre vers l'arrière, on trouve une grande (**évier, buffet, placards**) ____________, suivie d'une (**baignoire**) ____________ avec eau froide et eau chaude, et du poste de l'équipage.

3 **Le capitaine Nemo explique au professeur Aronnax le fonctionnement des instruments de bord. Complète le texte avec les mots qui suivent :**

baromètre • boussole • chronomètres • hygromètre • lunettes • sextant • thermomètre

« Monsieur, dit le capitaine Nemo, voici les appareils du *Nautilus* : le ____________ qui donne la température intérieure et extérieure; le ____________, qui pèse le poids de l'air et prédit les changements de temps ; l'____________, qui marque le degré de sécheresse de l'atmosphère ; la ____________, qui dirige ma route ; le ____________ qui m'apprend ma latitude ; les ____________, qui me permettent de calculer ma longitude ; et enfin des ____________ de jour et de nuit, qui me servent à scruter tous les points de l'horizon, quand le *Nautilus* est remonté à la surface des flots.

ACTIVITÉ DE PRÉ-LECTURE

4 **À leur grande surprise, Ned, Conseil et Aronnax obtiennent du capitaine Nemo la permission d'aller à terre. Mieux, celui-ci ne leur demande même pas de lui promettre qu'ils reviendront à bord. Ned a l'intention d'en profiter pour prendre la fuite, mais le professeur l'en dissuade car la région est habitée par des ____________ .**

Le dernier mot est dans cette charade :

Mon premier est la onzième lettre de l'alphabet. ___

Mon second est un adverbe de négation. ___

Mon troisième va de pair avec la raquette du joueur de tennis. ___

Mon tout est synonyme d'anthropophage. ____________

Chapitre 5

La foudre et les larmes*

26 novembre 1867

Comme tous les matins, je monte sur la plate-forme du *Nautilus*, faire ma provision d'air pur avant la plongée.

Depuis notre excursion en scaphandre, ni mes compagnons ni moi n'avons revu le capitaine Nemo. Nous passons chaque jour plusieurs heures devant la grande vitre du salon, car nos yeux ne se lassent pas de pénétrer les mystères du monde sous-marin.

À quelques mètres de moi, une vingtaine de matelots retirent de la mer des filets remplis de poissons et de crustacés. Je n'en ai jamais vu autant* ensemble. Tout l'équipage est-il là ? Je les observe ; je remarque qu'ils parlent peu, quelques phrases à peine échangées de temps en temps* dans une langue incompréhensible. Inutile de les interroger. À l'avant du navire, j'aperçois le capitaine Nemo, le regard perdu à la surface de l'océan. Il se retourne, me voit et, comme si nous nous étions quittés la veille* :

— Cette nuit, à trois heures du matin, le *Nautilus* a franchi* le tropique du Cancer ; depuis notre départ, nous avons fait quatre mille huit cent soixante lieues.

Ni « Bonjour », ni « Comment allez-vous ? », cet homme est comme ça : il a toujours l'air de quelqu'un qui vous a quitté depuis cinq minutes.

foudre décharge d'électricité dans l'atmosphère avant et pendant un orage.
autant un si grand nombre.
de temps en temps parfois.
veille le jour précédent.
a franchi a passé.

— Puis-je savoir où nous allons, Capitaine.

— Avec grand plaisir, Professeur. Nous nous dirigeons vers l'archipel des Nouvelles-Hébrides, puis direction la Papouasie. Nous entrerons dans l'océan Indien avec la nouvelle année, Professeur.

— Vous avez donc l'intention de franchir le détroit de Torrès, Capitaine ?

— Oh ! je sais : « Le plus dangereux détroit du globe », n'est-ce pas ?

— C'est ce qu'on raconte, en effet.

— Et on a raison : trois cents îles, peut-être plus, des récifs de corail, les ouragans, les innombrables naufrages* ...

— Pourquoi prendre tant de risques, alors ? Ce n'est pas raisonnable, Capitaine.

— Je ne suis pas un homme raisonnable, Professeur. Et mon *Nautilus* n'a rien à craindre de l'océan. Rien, vous m'entendez ?

Son regard est de glace ; ses yeux sombres sont remplis d'une colère froide. Pourquoi tant de haine* ? Quel secret, quelle atroce douleur se cache au fond de cet homme ?

2 janvier 1868

Plus d'un mois s'est écoulé depuis notre rencontre sur le pont du *Nautilus*. Le capitaine Nemo semble s'être volatilisé*. L'équipage aussi, d'ailleurs. Un matelot, toujours le même, nous apporte nos repas, c'est notre seul contact avec le genre humain.

— Dites plutôt des sauvages ! s'écrie Ned ; ces gens-là ne sont pas des hommes.

— Ce sont des fantômes*, dit Conseil : nous sommes sur un vaisseau fantôme.

naufrages disparitions de navires en mer.
haine aversion, profonde antipathie à l'égard de quelqu'un ou de quelque chose.
semble s'être volatilisé semble avoir disparu.
fantômes formes humaines fantastiques qui apparaissent et disparaissent sans laisser de trace; ici, emploi figuré.

Triste début d'année, en effet. La solitude nous pèse terriblement. Et le spectacle du salon ne nous amuse plus. En effet, depuis que nous avançons dans les régions les plus turbulentes* du monde, les épaves de navires perdus en mer se suivent et se ressemblent avec leurs noyés défigurés par les requins*.

Tout à coup un choc assez violent secoue le *Nautilus*. Que se passe-t-il ?

— Je parie que nous avons heurté un écueil, dit Ned en se relevant. Le « grand » capitaine Nemo a trouvé son maître.

Je quitte en courant le salon et je me précipite sur le pont. Le Capitaine Nemo vient à ma rencontre :

— Un accident, Capitaine ?

— Non, Professeur, un petit incident ; nous avons touché un écueil et nous sommes bloqués.

— Bloqués ?

— Pas pour longtemps. Nous allons attendre une marée* suffisamment haute pour nous dégager. En attendant, je vous autorise, si vous le souhaitez, à passer une journée à terre, vous et vos compagnons.

— À terre ?!

— Regardez par tribord*, Professeur. Je vous présente l'île de Gueboroar. Mon canot est à votre disposition. Si mes prévisions sont exactes – et elles le sont – nous pourrons repartir demain, dans la nuit. Ne manquez pas notre rendez-vous.

— Pourquoi nous laisse-t-il descendre à terre ? dit Ned lorsque, quelques instants plus tard, je fais part à mes compagnons de la proposition du capitaine Nemo.

turbulentes très agitées.
requins squales ; redoutables poissons de mer aux mâchoires puissantes.
marée variation quotidienne du niveau de la mer due à l'attraction de la lune.
tribord à droite.

— Cet homme-là est donc fou, dit Conseil. Ne se doute-t-il pas que nous allons nous échapper* ?

— Je ne vous le conseille pas, mes amis, dis-je. Nous sommes dans les terres de Papouasie …

— Oh ! dit Conseil.

— Quoi « Oh ! » ? dit Ned. C'est une terre comme une autre, la Papouasie.

— Non, Maître Land, dis-je. Les sauvages qui peuplent ces îles sont anthropophages.

— Anthropo quoi ?

— Des cannibales, mon ami.

— Eh bien, tant pis pour eux, Professeur, car je me sens l'appétit d'en manger cent !

Le lendemain, comme promis, le capitaine Nemo fait mettre son canot à la mer. Armés de fusils et de haches*, nous nous dirigeons vers l'île, Conseil et moi aux avirons*, Ned au gouvernail. Les yeux de notre Canadien pétillent de joie :

— De la viande, répète-t-il à chaque coup de rame, de la viande, je vais enfin manger de la viande !

Nous débarquons une demi-heure plus tard sur une île déserte plantée de palmiers et de cocotiers agités par une légère brise*.

— Je prends possession de cette île, dit Ned en touchant terre.

Puis, en homme habitué à se tirer d'affaire en toute circonstance :

— Et maintenant, mes amis, au travail ! Occupez-vous du feu, moi je vais à la chasse ! À table, dans une heure !

Pari gagné. Une heure plus tard, Ned est de retour avec un petit

nous échapper nous enfuir.
haches outils de bûcherons servant à couper les arbres.
avirons rames.
brise petit vent.

kangourou, assez gros cependant pour nous rassasier tous les trois. Un excellent dîner, en vérité.

— Si nous ne retournons pas sur le *Nautilus* ce soir, croyez-vous qu'ils viendront nous chercher ? dit Conseil.

— Qu'ils viennent ! di Ned. Moi, c'est décidé, je reste.

— Mes amis, dis-je…

Au même moment, une pierre vient tomber sur notre feu ; puis, une seconde, une troisième. Nous nous levons immédiatement, nos fusils prêts à tirer. À une cinquantaine de mètres de nous, un groupe de sauvages nous observe en nous menaçant de leurs frondes*.

— Est-ce que ce sont vos cannibales, Professeur ? Laissez-moi leur souhaiter la bienvenue.

— Non, Ned, ils sont trop nombreux. Vite, au canot !

Arrivés sur la plage sous une grêle* de cailloux, nous poussons notre embarcation à la mer et nous ramons, Conseil et moi, de toutes nos forces.

— Vous avez raison, Professeur. Regardez, ils sont une centaine maintenant.

— Et il y en a d'autres, là-bas. Ils viennent avec des pirogues*.

À bord du sous-marin, je me précipite dans le salon pour avertir le capitaine Nemo. Il est assis devant son orgue et joue un air grave et mélancolique.

— Déjà de retour, Professeur ? dit-il en me voyant.

— Vite Capitaine, nous sommes attaqués par des sauvages ! Une centaine, au moins.

— Ne vous mettez pas dans un état pareil, Professeur, ces

frondes lance-pierres.
grêle pluie de morceaux de glace ; ici, emploi figuré.
pirogues longues barques primitives creusées dans des troncs d'arbres.

« sauvages », comme vous dites, ne sont pas pires que les autres, ceux du monde civilisé. D'ailleurs, nous n'avons rien à craindre.

— Écoutez, dis-je. Ils sont déjà sur le pont et nous sommes bloqués par cet écueil. Que comptez-vous faire ?

— Installez-vous, Professeur, vous allez voir ce que j'en fais de vos sauvages !

À ces mots, le capitaine Nemo presse un bouton et en moins d'une seconde, de la vitre du salon, je vois se débattre dans la mer des grappes de sauvages épouvantés. Une fois, deux fois, trois fois, le même spectacle s'offre à mes yeux.

— Vous les avez donc tués*? dis-je en me retournant.

— Non, j'ai tout simplement fait passer mon courant électrique sur toute la coque du *Nautilus*. Plus de peur que de mal, croyez-moi. En tout cas, ils ne risquent pas de revenir.

Cette même nuit, à deux heures trente-cinq, le *Nautilus* s'engage dans le détroit de Torrès. Direction l'océan Indien. Depuis le début de notre voyage, nous avons parcouru environ six mille lieues.

18 janvier 1868

Un fait étrange s'est produit aujourd'hui. Je suis, comme tous les matins, sur le pont du *Nautilus*. À l'avant, le second officier scrute nerveusement l'horizon. Quelques instants plus tard, le capitaine Nemo passe devant moi sans me regarder et prend la lunette que lui tend son officier, visiblement très agité. Il observe longuement l'horizon, puis il vient vers moi.

— Monsieur Aronnax, je suis obligé de vous enfermer quelques heures, vous et vos compagnons. Mes hommes vont vous conduire

tués assassinés, fait mourir.

à votre cabine. Ne me posez pas de questions, je vous demande de m'obéir sur-le-champ*.

Je descends donc à l'intérieur du sous-marin et j'aperçois Ned et Conseil entourés de quatre hommes d'équipage. Deux autres matelots m'attendent devant la porte de ma chambre et m'enferment à double tour*.

La nuit, j'ai naturellement beaucoup de mal à trouver le sommeil. Que se passe-t-il ? Le capitaine Nemo a-t-il changé d'avis ? Nous retire-t-il cette liberté d'aller et venir à bord du *Nautilus* ?

Le lendemain matin, à mon réveil, je saute de mon lit et je m'élance vers la porte de ma cabine. Elle s'ouvre sans peine. Me voici donc libre à nouveau ? Avant d'avoir le temps d'essayer de comprendre ce qui m'arrive, le capitaine Nemo est en face de moi :

— Êtes-vous médecin, Monsieur Aronnax ?

— Je le suis, en effet.

— Suivez-moi.

Le capitaine me conduit alors dans une cabine située à l'arrière du *Nautilus*. Là, sur un lit, je découvre un homme d'une quarantaine d'années, gravement blessé à la tête.

— D'où vient cette blessure, Capitaine ?

— Qu'importe ! Pouvez-vous le sauver ? Parlez librement, cet homme ne comprend pas le français.

— Cet homme sera mort dans deux heures, dis-je.

La main du capitaine Nemo se crispe* alors, et je vois sur ce visage, que je croyais insensible à tout, quelques larmes glisser de ses yeux.

— Merci, docteur, me dit-il, les yeux mouillés ; vous pouvez vous retirer.

sur-le-champ immédiatement.
à double tour à clé.
se crispe se raidit.

Compréhension et production

1 Dans son carnet de bord, le professeur Aronnax écrit, à la date du *19 janvier 1868* ...

Complète son récit en plaçant correctement les verbes suivants après les avoir conjugués au passé (imparfait – passé composé).

accepter • allumer • *assister* • creuser • croiser • découvrir • déposer • *dire* • enfiler • étendre • imiter • inviter • porter • recouvrir • rencontrer • *répondre* • s'agenouiller • s'avancer • se mettre • venir

Ce matin, j'*ai assisté* à la plus étrange cérémonie funèbre de ma vie. À six heures, le capitaine Nemo ______________ personnellement frapper à la porte de nos chambres et nous ______________, Ned, Conseil et moi à participer à l'enterrement de son matelot, mort pendant la nuit. Cette fois, Ned ______________ de nous suivre et nous ______________ nos scaphandres. De l'autre côté de la porte, nous ______________ douze hommes d'équipage, quatre d'entre eux ______________ sur leurs épaules le corps de leur camarade, enveloppé dans un tissu blanc. Le cortège ______________ en marche, lentement. Sur un geste du capitaine, tous les scaphandriers ______________ leur lampe placée sur leurs têtes de cuivre. Nous les ______________. Quelques instants plus tard, au milieu d'une clairière entourée d'arbres marins, nous ______________ une grande croix de corail. Un cimetière sous la mer ! Un des hommes ______________ alors et ______________ un trou avec une pioche, puis les quatre hommes ______________ le corps au fond du trou et le ______________, tandis que le capitaine Nemo et tous ses hommes ______________ et ______________ la main en signe de salut.

De retour à bord du *Nautilus*, mon regard ______________ un instant celui du capitaine Nemo.

— Vos morts dorment tranquilles dans ce cimetière, lui ai-*je dit*, à l'abri des requins !

— Oui, Monsieur, *m'a-t-il répondu* gravement, des requins et des hommes !

Vocabulaire

2 **Cercle dans la grille 12 mots concernant l'expédition des prisonniers du capitaine Nemo sur l'île déserte.**

N	P	X	G	D	C	H	A	S	S	E	N
P	C	A	F	O	S	T	X	P	U	C	E
C	I	A	L	U	F	R	O	N	D	E	S
C	K	R	N	M	S	O	J	X	M	N	A
Y	A	U	O	O	I	I	E	F	F	E	U
S	N	Q	E	G	T	E	L	W	C	J	V
K	G	E	V	E	U	J	R	S	M	D	A
C	O	C	O	T	I	E	R	S	G	V	G
D	U	F	B	O	H	A	S	S	I	T	E
U	R	C	J	A	D	A	O	L	L	I	S
P	O	M	L	V	I	A	N	D	E	D	O
A	U	P	M	M	R	H	J	T	V	G	L

Production écrite

3 **Utilise les mots que tu as trouvés dans la grille pour rédiger un court résumé des événements.**

ACTIVITÉ DE PRÉ-LECTURE

4 **Le capitaine Nemo est immensément riche. D'où vient sa richesse, comment se la procure-t-il ? Complète le texte en utilisant correctement DE • D' • DU • DE LA • DES.**

Autour ____ *Nautilus*, dans un rayon ____ une demi-mille, les eaux apparaissaient imprégnées ____ lumière électrique. ____ vitre ____ salon, le professeur Aronnax observait ____ hommes ____ équipage, revêtus ____ scaphandres, en train de déblayer ____ caisses éventrées, au milieu ____ épaves. ____ ces caisses s'échappaient ____ lingots ____ or et ____ argent. Puis, chargés ____ ce précieux butin, ces hommes revenaient au *Nautilus*, y déposaient leur fardeau et allaient reprendre cette inépuisable pêche ____ argent et ____ or.

« Comprenez-vous maintenant d'où viennent mes milliards, Professeur ? Je n'ai qu'à ramasser ce que les hommes ont perdu sur les mille théâtres de naufrages dont ma carte sous-marine a noté la place. »

Chapitre 6

Les trésors de la mer

4 *28 janvier 1868*

Une dizaine de jours plus tard, une nouvelle occasion se présente pour moi de découvrir l'humanité de ce personnage énigmatique. Ce jour-là, le capitaine nous rejoint au salon, mes compagnons et moi, et nous dit :

— Messieurs, je vous propose une nouvelle excursion sous la mer. Nous sommes près des côtes de l'île de Ceylan, célèbre pour ses pêcheries de perles. J'en possède une moi-même et j'aimerais vous la montrer.

— Comment diable font-ils dans ce pays pour aller les chercher ? demande Ned. Ne me dites pas, Capitaine, qu'ils ont des scaphandres comme les vôtres ?

— Non, Maître Land, ils utilisent une technique rudimentaire* : ils plongent à une profondeur de douze mètres au moyen d'une lourde pierre qu'ils saisissent entre leurs pieds et qu'une corde rattache au bateau.

— Je suis curieux de voir ça, dit Conseil.

— À propos, Monsieur Aronnax, vous n'avez pas peur des requins, n'est-ce pas ?

— Ma foi, Capitaine … Et vous, Ned ? dis-je pour éviter de répondre.

— Moi, répond le Canadien, un harponneur de profession ! C'est mon métier de me moquer d'eux !

rudimentaire simple.

— Ne craignez rien, Professeur, dit le capitaine Nemo pour me rassurer, nous serons armés. À demain, Messieurs.

Le lendemain, après avoir enfilé nos scaphandres, nous nous aventurons dans une vaste grotte. Derrière un bloc de roche, nous découvrons un champ couvert d'huîtres de toutes tailles. Mais c'est au fond que le capitaine nous invite à regarder : une huître énorme sur un socle de granit*. Trois cents kilos au moins, deux mètres de diamètre, quinze kilos de chair et, à l'intérieur, une perle grosse comme une noix de cocotier ! Un bijou inestimable, qu'il m'indique vouloir cueillir l'année prochaine, quand il aura encore grossi.

En sortant du champ d'huîtres, nous apercevons un homme, un Indien, presque nu, en train de ramasser à la hâte* le plus grand nombre possible d'huîtres. Je distingue nettement la grosse pierre qu'il tient entre ses deux pieds et la corde qui le relie à son canot au-dessus de nos têtes.

— Attention, un requin !

Je sais qu'il ne peut pas m'entendre, mais l'émotion me fait crier. L'Indien voit le squale et tente de s'échapper. Trop tard, la bête est déjà sur lui. Je suis paralysé par la peur. Sans hésiter, le capitaine Nemo se précipite à son secours et frappe violemment le requin de son couteau. Un combat terrible s'engage* alors. D'un violent coup de queue, l'animal blessé plaque son adversaire sur le fond et s'élance furieusement sur lui, ses énormes mâchoires grandes ouvertes. Quelle horreur ! Le maître des Océans va-t-il mourir, dévoré par un vulgaire prédateur ? Heureusement, Ned a gardé tout son sang-froid*, son formidable harpon atteint la bête en pleine course. Touché au cœur, le requin agonise* pendant que nous remontons à la surface

granit roche volcanique.
à la hâte en vitesse.
s'engage commence.
sang-froid calme.
agonise meurt lentement.

l'Indien, peut-être plus terrorisé par nos scaphandres que par l'animal qui a failli le couper* en deux.

Plus tard, au salon, le capitaine Nemo semble absent. Plongé dans ses cartes, il évite de nous regarder. Puis, brusquement, s'adressant à Ned, il lui dit :

— Merci, Maître Land.

— Nous sommes quittes*, Capitaine.

— Capitaine, dis-je, puis-je vous poser une question ?

— Je vous en prie, Professeur.

— Vous avez risqué votre vie tout à l'heure, pour un être humain, un représentant de cette race que vous fuyez sous les mers. Avouez que c'est étrange.

— Cet Indien, Monsieur le professeur, est un habitant d'un pays opprimé*, et je suis encore, et jusqu'à mon dernier souffle, du côté des opprimés. Mais changeons de sujet si vous le voulez bien, j'ai une bonne nouvelle à vous annoncer : nous allons très vite gagner la Méditerranée.

— Même avec votre engin, il nous faudra au moins six semaines pour y arriver, dit Ned en haussant les épaules.

— Maître Land a raison, dis-je ; de l'endroit où nous nous trouvons, il faut compter au moins cinq mille lieues jusqu'à Gibraltar.

— Qui vous parle de contourner l'Afrique, Professeur ? Nous allons passer par la mer Rouge.

— C'est un cul-de-sac*, dit Ned en riant. Avez-vous l'intention de faire ouvrir le Canal de Suez spécialement pour vous ? Il ne sera pas inauguré avant un an !

— Qui vous dit que je passerai sur le Canal ? Mon Nautilus et moi passerons sous le Canal, Messieurs ! Je vois que vous ne riez plus,

qui a failli le couper qui l'a presque coupé.
nous sommes quittes je ne vous dois plus rien.
opprimé asservi par un système politique injuste et violent.
cul-de-sac voie sans issue.

Maître Land ... Sachez donc qu'il existe un passage sous l'isthme de Suez qui nous conduira au large de l'Égypte, disons ... le 12 février ?

— Pari tenu, Capitaine. Rendez-vous dans quinze jours.

Le 12 février, au lever du jour, le Nautilus remonte à la surface des eaux. En moins de vingt minutes, nous avions traversé l'isthme de Suez. Le capitaine Nemo nous fait appeler sur le pont, Ned, Conseil et moi.

— La Méditerranée, nous dit-il. Maître Land, reconnaissez-vous les jetées* de Port-Saïd ?

—Je dois reconnaître, Capitaine, que vous êtes le marin exceptionnel que vous dites ; je vous laisserai mon harpon en souvenir, lorsque je quitterai votre navire.

Et pour bien montrer qu'il n'a pas l'intention de rester encore longtemps sur le *Nautilus*, le Canadien s'engouffre* dans l'escalier et disparaît.

Nous le retrouvons quelques instants plus tard, Conseil et moi, dans le salon.

—Ecoutez, Professeur. Ce que j'ai à vous apprendre est très simple. Nous sommes en Europe, et avant que les caprices* du capitaine Nemo ne nous entraînent jusqu'au fond des mers polaires ou nous ramènent en Océanie, je demande à quitter le *Nautilus*.

— Ami Ned, dis-je, répondez-moi franchement*. Vous ennuyez-vous à bord ? Regrettez-vous d'avoir rencontré le capitaine Nemo ?

— Franchement, je ne regrette pas ce voyage sous les mers. Je serai content de l'avoir fait ; mais pour l'avoir fait, il faut qu'il se termine. Voilà mon sentiment.

— Il se terminera, Ned.

— Où et quand ?

— Où ? Je n'en sais rien. Quand ? Je ne peux le dire, ou plutôt je

jetées constructions en pierres destinées à protéger le port contre les vagues.
s'engouffre se précipite.
caprices brusques changements d'humeur incontrôlables et obstinés.
franchement sincèrement.

suppose qu'il s'achèvera lorsque ces mers n'auront plus rien à nous apprendre. Tout ce qui a commencé a forcément une fin en ce monde.

— Je pense comme monsieur, répond Conseil, et il est fort possible qu'après avoir parcouru toutes les mers du globe, le capitaine Nemo nous rende notre liberté.

— Vous parlez tous les deux au futur : « Nous verrons ... Plus tard ! quand tout sera fini ... ». Moi, je parle au présent, je dis que nous sommes en Europe et qu'il faut en profiter. À la première occasion, je saute par-dessus bord et je rejoins la côte. Réfléchissez, mais vite !

Malheureusement pour Ned, la traversée de la Méditerranée dure en tout et pour tout quarante-huit heures. Le capitaine Nemo a-t-il deviné les intentions du Canadien ? A-t-il entendu notre conversation dans le salon ? Je l'ignore. Toujours est-il que*, deux jours après avoir quitté les parages de la Grèce, nous franchissons le détroit de Gibraltar. L'Atlantique ! La France est si proche que j'éprouve un pincement au cœur*.

Et si Ned avait raison ? Si nous étions condamnés à finir nos jours sur le *Nautilus* ? Absorbé par mes tristes pensées, je ne vois pas entrer le capitaine Nemo.

— Savez-vous où nous nous trouvons en ce moment, Professeur Aronnax ?

— J'avoue que je l'ignore, Capitaine.

— Dans la baie de Vigo.

— Ah ! dis-je, sans conviction.

— Vous m'étonnez, Professeur. Un savant comme vous ! Comment pouvez-vous ignorer que les fonds marins de cette baie contiennent d'immenses richesses ?

— Je suis médecin et professeur d'histoire naturelle, Capitaine, je ne suis pas historien.

toujours est-il que quoi qu'il en soit.

pincement au cœur vive émotion.

— Soit, mais ne m'avez-vous pas demandé un jour si j'étais riche ?

— En effet.

— Eh bien, un de mes coffres se trouve ici même, dans les eaux profondes de cette baie. Deux millions de tonnes d'argent que les hommes ont perdu de naufrage en naufrage et que je n'ai qu'à ramasser.

— De quoi faire le bonheur de bien des malheureux, dis-je.

— Pourquoi croyez-vous donc que je me donne la peine de recueillir ces trésors, Monsieur le professeur ? Qui vous dit que je n'en fais pas bon usage ? Croyez-vous que j'ignore qu'il existe des êtres qui souffrent ? Des peuples opprimés ? Des misérables à soulager* ? Des victimes à venger ?

— De quoi êtes-vous victime vous-même, Capitaine ? dis-je en le regardant droit dans les yeux.

— Cela ne vous regarde pas, Monsieur. C'est mon secret, je l'emporterai avec moi dans ma tombe. En fait, je suis venu pour vous inviter.

— M'inviter à visiter votre banque sous-marine, Capitaine ?

— Beaucoup mieux, Professeur. De l'or et de l'argent, nous en avons tous vu, plus ou moins ; alors que ce que je vous propose, aucun être humain, à part mes hommes et moi, ne l'a encore vu de ses yeux. Même si je suis sûr que vous en avez entendu parler.

— Et vous voulez y aller en pleine nuit, Capitaine !

— Justement.

— Mais nous n'y verrons rien, même avec vos lampes !

— Au contraire, là où je vous conduis, il fait grand jour, même la nuit.

— Vous êtes bien mystérieux, Capitaine.

— Allons, suivez-moi dans la salle des scaphandres. Vous ne le regretterez pas.

soulager aider, secourir.

Compréhension et production

1 Qui a dit quoi ...? Indique par son initiale, l'auteur des répliques du dialogue qui suit. A = Aronnax ; N = Ned ; C = Conseil.

☐ **1** Répondez-moi franchement. Vous ennuyez-vous à bord ? Regrettez-vous d'avoir rencontré le capitaine Nemo ?

☐ **2** Franchement, je ne regrette pas ce voyage sous les mers. Je serai content de l'avoir fait ; mais pour l'avoir fait, il faut qu'il se termine. Voilà mon sentiment. Et vous ?

☐ **3** Pour un savant, ce voyage est une expérience unique. Aucun de mes collègues du Muséum n'aura jamais une occasion pareille. Et comme personne ne m'attend à Paris ...

☐ **4** Moi non plus. Ni vous d'ailleurs, Ned : nous sommes tous trois célibataires.

☐ **5** Et que ferez-vous de toutes vos connaissance si personne n'en saura jamais rien ?

☐ **6** C'est un risque, en effet. Mais je crois que tôt ou tard ce voyage se terminera.

☐ **7** Où et quand ?

☐ **8** Où ? je n'en sais rien. Quand ? je ne peux le dire, ou plutôt je suppose qu'il s'achèvera, lorsque ces mers n'auront plus rien à nous apprendre.

☐ **9** Je pense comme monsieur, et il est fort possible qu'après avoir parcouru toutes les mers du globe, le capitaine Nemo nous libère tous les trois.

☐ **10** Nous libère ! N'y comptez pas. Il se libèrera de nous, mais d'une autre façon.

☐ **11** N'exagérons pas, maître Land. Nous n'avons rien à craindre du capitaine.

☐ **12** Admettons. Mais je ne me vois pas rester toute ma vie prisonnier de cet homme. Et vous ?

☐ **13** Moi non plus. Seulement si nous tentons de nous évader, il faudra absolument réussir car si nous échouons le capitaine Nemo ne nous pardonnera pas.

☐ **14** Monsieur a raison. Si nous manquons notre coup, le capitaine nous jettera à la mer.

☐ **15** Nous verrons bien. En attendant, tenez-vous prêts.

Production orale

2 À deux. De retour dans sa cabine, le professeur Aronnax reçoit la visite de Conseil qui lui pose des questions sur le Canal de Suez. Après avoir lu le texte, imaginez le dialogue.

Si Jules Verne fait passer le *Nautilus* sous la mer rouge, les navires de l'époque devaient, eux, contourner le continent africain pour rejoindre l'Europe. L'idée d'un canal reliant la mer Rouge à la mer Méditerranée est un vieux rêve de l'humanité : des pharaons aux Perses en passant par les Romains tous ont essayé de réaliser une voie de communication entre leurs trois continents. Sans succès. Il faut attendre 1859 et Ferdinand de Lesseps, un diplomate français installé au Caire, pour que commencent les travaux de percement du canal de Suez. Le chantier va durer dix ans et occuper 30000 ouvriers. D'une longueur de 162 kilomètres, le canal a une largeur de 54 mètres et 8 mètres de profondeur. Grâce à lui, les marchandises provenant d'Inde gagnent 8000 kilomètres, soit un mois de navigation.

ACTIVITÉ DE PRÉ-LECTURE

3 Lis la déclaration de capitaine Nemo puis réponds aux question.
« Moi, capitaine Nemo, ce 21 mars 1868, je prends possession de cette partie du globe égale au sixième des continents connus.

1 De quel continent le capitaine Nemo prend-il possession dans le chapitre suivant ?
☐ L'arctique ☐ L'antarctique

2 Dans la réalité qui est le véritable découvreur de cette terre ?
☐ Roald Amundsen ☐ Robert Falcon Scott

3 En quelle année ?
☐ 1891 ☐ 1901
☐ 1911 ☐ 1921

Chapitre 7

Le Rouge et le Blanc

Deux heures après avoir quitté le Nautilus, nous gravissons* une montagne. Il est tard et je suis fatigué, mais la curiosité me pousse* à continuer. Où la fantaisie de cet homme me conduit-elle ?

Lorsque nous arrivons au sommet, je découvre une vaste plaine éclairée d'une vive lumière. Où suis-je ? D'où vient cette incandescence ? À cinquante mètres au-dessous du pic, je découvre un large cratère d'où sortent des torrents de lave*. Un volcan sous la mer ! Je n'ai pas le temps de m'émerveiller que j'aperçois, tout en bas, une ville détruite, au milieu d'un champ de ruines. Des temples, des colonnes, un aqueduc à moitié effondré, des rues pavées, la façade d'un Parthénon... Les paroles du capitaine Nemo me reviennent alors à l'esprit : si je connais cette ville sans l'avoir jamais vue, c'est qu'il s'agit de ... Je regarde mon guide le suppliant de me répondre. Le capitaine comprend mon désarroi*, il ramasse un morceau de pierre et écrit sur un roc de basalte noir ce seul mot : ATLANTIDE. L'Atlantide ! Au comble de l'exaltation, je m'élance vers la cité engloutie, mais le capitaine Nemo me retient par le bras : trop loin, trop tard. Il me fait comprendre que nous risquons de manquer d'oxygène. Il faut rentrer, hélas.

Dès le lendemain, les rêves d'évasion de Ned s'évanouissent*. Au

nous gravissons nous montons (en parlant de pentes : côtes, collines, sommets).
me pousse m'incite.
lave magma.
désarroi anxiété.
s'évanouissent ici, finissent.

lieu de remonter vers les côtes de l'Atlantique, comme nous l'espérions, le capitaine Nemo maintient le cap vers le sud. Où nous entraîne-t-il ? Au pôle ? Et si Ned avait raison ? Le Canadien ne dit rien. D'ailleurs, il parle de moins et moins et évite soigneusement de rencontrer son rival.

13 mars 1868

Un iceberg ! Ned Land et Conseil me rejoignent sur le pont. Le capitaine Nemo est à l'avant du *Nautilus*, perdu dans ses pensées. Il évite de nous regarder.

— Ne vous l'avais-je pas prédit, Professeur ? dit Ned à voix basse*.

— Mais où va-t-il donc ?

— Droit devant lui. Vous savez ce que cela signifie, Monsieur le savant.

— Après tout, lorsqu'il ne pourra plus continuer, il faudra bien qu'il s'arrête dit Conseil.

— Je n'en suis pas sûr, dis-je.

— Regardez ! s'écrie Ned tout à coup. Des baleines ! Prêtez-moi votre canot, Capitaine, que je leur donne la chasse ; depuis l'océan Indien, mon harpon s'ennuie.

— Pourquoi chasser pour détruire ? répond le capitaine Nemo. Laissez donc tranquilles ces malheureux cétacés. Ils ont bien assez de leurs ennemis naturels. D'ailleurs, regardez là-bas, ces points noirs qui se déplacent à vive allure : ce sont des cachalots, les pires ennemis des baleines. Ces bêtes-là sont malfaisantes et on a raison de les exterminer.

— Dans l'intérêt des baleines, Capitaine, laissez-moi leur faire goûter de mon harpon ! dit malicieusement* le Canadien.

— Pourquoi voulez-vous risquer votre vie ? Le Nautilus est armé d'un éperon* d'acier qui vaut bien votre harpon, Maître Land.

— Un éperon ?!

à voix basse sans se faire entendre du capitaine..
malicieusement avec ruse.

éperon pointe métallique placée à l'avant de certains navires de guerre pour leur permettre de percer la coque des bateaux ennemis.

Pour toute réponse, Ned se contente de hausser les épaules. Attaquer des cétacés à coups d'éperon, quelle folie !

— Descendons, Messieurs, nous allons plonger.

En bas de l'escalier, le capitaine Nemo se rend près du timonier et dirige son appareil comme un engin de destruction. Mes compagnons et moi, nous nous installons devant la vitre du salon. Quelle lutte ! Le combat entre les baleines et les cachalots est déjà commencé quand le *Nautilus* arrive. Lancé à toute vitesse contre les attaquants, il les traverse un à un, de part en part, laissant derrière lui des queues, des têtes, des troncs coupés, déchirés, éventrés. Un véritable carnage* ! Le massacre dure plus d'une heure. Quand nous remontons à la surface, le *Nautilus* flotte au milieu d'une mer de sang.

— Eh bien, Maître Land, que dites-vous de mon éperon ?

— Une arme terrible, en effet, répond Ned ; mais la lutte était inégale. Je ne suis pas un boucher*, je suis un chasseur, et ceci n'est qu'une boucherie. J'aime mieux mon harpon.

— Chacun son arme, répond le capitaine, en regardant fixement Ned Land.

Quelques jours plus tard, une immense barrière de glace apparaît à l'horizon.

— La banquise* ! dit Ned. Personne ne peut franchir la banquise. Il est puissant, votre capitaine ; mais, mille diables ! il n'est pas plus puissant que la nature, et là où elle a mis des bornes*, il faut que l'on s'arrête.

Deux heures après, la course du *Nautilus* s'interrompt brusquement au milieu d'un immense désert de glace.

— Je vous l'avais bien dit, Capitaine, s'écrie Ned qui, malgré le froid, n'avait pas quitté le pont. Nous sommes bloqués.

carnage massacre, hécatombe.
boucher homme qui tue lui-même le bétail dont il vend la viande (aujourd'hui, homme qui tient un commerce de viande) ; ici, emploi figuré au sens de « homme sanguinaire ».
banquise vaste mer de glace à proximité des pôles.
bornes limites.

— Erreur, Maître Ned. Rien ne peut arrêter la marche du *Nautilus*. Nous allons passer sous la banquise.

— Nous n'aurons jamais assez d'air pour rester si longtemps sous l'eau, s'écrie Ned.

— Voulez-vous parier*, Maître Ned ?

— Parier quoi ?

— Que nous irons au pôle.

— Peut-être, dit le harponneur en haussant les épaules, mais vous n'en reviendrez pas.

Heureusement que Ned n'a pas parié, car il aurait perdu. Le 21 mars, quelques minutes avant midi, le capitaine Nemo m'invite à le suivre sur la plate-forme du *Nautilus*.

— Venez, Maître Ned, et vous aussi Conseil.

— Messieurs, nous dit-il, en nous montrant une terre vierge droit devant nous ; moi, capitaine Nemo, ce 21 mars 1868, j'ai atteint le* pôle Sud.

— Comment pouvez-vous en être sûr ? demande Ned. Je ne vois que de la glace à perte de vue* !

— Mes instruments vous le diront dans quelques instants, Maître Land. Tenez, Professeur, prenez le chronomètre, je garde la lunette. Avertissez-moi lorsqu'il sera précisément midi.

— Pourquoi midi ? demande alors Conseil ; ne serons-nous plus au pôle lorsqu'il sera deux heures ?

— Chut, mon ami, dis-je ; tu vas comprendre.

Midi !

— Le pôle Sud ! dit gravement le capitaine Nemo, en me tendant sa lunette.

parier s'engager, miser sur la réussite de quelque chose.
j'ai atteint le je suis arrivé au.
à perte de vue aussi loin que mes yeux peuvent voir.

— Effectivement, dis-je, après avoir regardé à mon tour l'horizon.

— Que voyez-vous donc tous les deux ? s'écrie alors Ned.

— Ceci, dis-je, en lui passant la lunette.

— C'est bizarre, dit Ned, il est midi et je ne vois qu'une moitié de soleil.

— Ce n'est pas bizarre, c'est la preuve, Maître Ned, dit le capitaine Nemo.

— Moi aussi je veux le voir, le pôle Sud ! dit Conseil, en saisissant* la lunette.

Entre temps, le capitaine Nemo a appelé deux de ses hommes et leur a remis* un drapeau noir, portant un « N » brodé d'or.

— Que faites-vous, Capitaine ? demande Ned.

— Je prends possession de cette partie du globe, Maître Land.

— Au nom de qui ?

— Au mien, Monsieur.

Le lendemain à l'aube, nous nous préparons à partir. Le thermomètre marque douze degrés au-dessous de zéro. Nous plongeons sous la banquise à six heures du matin. Pendant toute la journée, nous naviguons sans problème sous les glaces mais, pendant la nuit, je suis réveillé par un choc violent. Que se passe-t-il ? Je me précipite au salon ; Ned et Conseil arrivent quelques instants plus tard. Nous sommes très inquiets.

— Messieurs, dit le capitaine, nous sommes coincés* sous la banquise ; les glaces ont envahi notre passage, nous ne pouvons plus avancer ni reculer*.

— C'est la fin, dit Ned. Je vous l'avais bien dit.

— Pas encore, Maître Land.

— Nous pouvons essayer de creuser un passage dans la glace, dis-je. Avec vos scaphandres et des pics …

— Il nous faudrait au moins une semaine, dit le capitaine Nemo.

— En travaillant jour et nuit ! s'écrie Ned. Sans compter que, dans deux jours, nos réserves d'air seront épuisées.

en saisissant en s'emparant, en prenant brusquement.
leur a remis leur a donné.
coincés bloqués.
reculer aller en arrière.

— Nous allons donc mourir asphyxiés, Capitaine ? demande alors Conseil terrorisé.

— Peut-être, mais non sans avoir tout essayé.

— Que comptez-vous faire ? lui dis-je alors.

— L'électricité, Professeur. L'électricité !

— Toute votre électricité ne pourra rien contre cette masse de glace, dit Ned sceptique.

— Pas directement bien sûr, mais je peux la transformer en eau bouillante* et la répandre autour de nous avec mes pompes.

— C'est une possibilité en effet, dis-je résolument.

Lorsque les pompes commencent à envoyer leurs jets d'eau bouillante, il fait moins douze degrés à l'extérieur. Trois heures après, le thermomètre marque moins six degrés ; deux heures plus tard, moins quatre. Puis moins un.

Pendant quarante-huit heures les pompes ont réchauffé la glace sans répit*. Au soir du deuxième jour, l'air devient irrespirable. Nous avons épuisé nos réserves. Le capitaine Nemo nous rejoint au salon et nous apprend que six mètres de glace viennent de se détacher, la banquise au-dessus de nous se fissure*.

— Bravo, Capitaine !

— Ce n'est pas assez, Professeur, vingt mètres nous séparent encore de l'air libre. À ce rythme, nous serons tous morts demain. Je vous propose donc, Messieurs, de tenter le tout pour le tout.

— C'est-à-dire ? demande Ned, qui ne se fait plus d'illusions.

— Je vais lancer le *Nautilus*, contre la couche de glace et, si mon éperon ne me trahit pas …

— … On passe ou on casse, dit Ned.

bouillante chauffée à cent degrés.
sans répit sans interruption.
se fissure se casse en provoquant des crevasses.

— Exactement, Maître Land, exactement, dit le capitaine en quittant le salon.

Quelques minutes plus tard, nous sentons que le *Nautilus* prend une position oblique. Il recule autant qu'il peut pour prendre son élan, puis, avec toute la force de sa puissante hélice, son éperon relevé comme un formidable bélier*, il attaque la glace par en dessous. De la vitre ouverte du salon, nous voyons la banquise craquer, se déchirer ; la glace se disloque* en d'énormes blocs prêts à nous écraser si nous nous arrêtons.

— On passe, s'écrie Ned. On passe ! Tenez-vous !

Emporté par son élan, le *Nautilus* bondit hors de la glace comme un poisson d'acier et retombe lourdement sur la banquise éclatée. De l'air, enfin !

Nous nous précipitons tous les trois sur le pont. Le capitaine Nemo y est déjà, son sextant à la main.

— Bonne nouvelle, Messieurs, nous ne sommes qu'à quelques jours de la Terre de Feu. Nous allons bientôt revoir l'Atlantique.

— Encore ! s'exclame Ned.

Le capitaine regarde un instant le Canadien, puis s'engouffre en silence dans l'escalier.

— Qu'en pensez-vous, Ned ? dis-je, une fois seuls.

— Rien de bon, Professeur.

— Veut-il à présent affronter le pôle Nord ? dit Conseil.

— Nous lui fausserons compagnie* avant, mon cher Conseil. Faites-moi confiance. À la première île que nous rencontrons, nous nous emparons du canot et bon vent !

— En tout cas, c'est quelqu'un ce capitaine Nemo, répond Conseil ; je ne regretterai pas de l'avoir connu.

— Surtout quand nous l'aurons quitté, riposte Ned du tac au tac*.

bélier ancienne machine de guerre formée d'une longue poutre de bois terminée par une tête de bélier (mâle de la brebis) en fer.
se disloque se désagrège, se décompose en plusieurs morceaux.
nous lui fausserons compagnie nous nous enfuirons.
du tac au tac vivement, comme quelqu'un qui veut avoir le dernier mot.

Compréhension et production

1 **Indique l'ordre logique des paragraphes suivants en respectant la chronologie des événements ; donne-leur ensuite un titre.**

1 ____________________

« Nous sommes prisonniers d'une bulle d'eau entourée de toute part d'une éblouissante muraille de glace. Le *Nautilus* est emprisonné dans un véritable tunnel de glace, d'une largeur de vingt mètres environ, rempli d'une eau tranquille. »

2 ____________________

« Si je n'hésite pas à fouler ce sol, c'est que, jusqu'ici, aucun être humain n'y a laissé la trace de ses pas. »

3 ____________________

« Où suis-je ? Je veux le savoir à tout prix, je veux parler, je veux arracher la sphère de cuivre qui emprisonne ma tête.
Mais le capitaine Nemo vient vers moi et m'arrête d'un geste. Puis, il ramasse un morceau de pierre s'avance vers un roc noir et trace un seul mot. »

4 ____________________

« Sous l'éperon du *Nautilus* s'étend une vaste plaine tourmentée, enchevêtrée de gigantesques blocs de glace. Çà et là, des pics aigus, des aiguilles d'une blancheur aveuglante, des falaises taillées à pic. Sur cette nature désolée, règne un silence farouche. Tout est gelé, même le bruit. »

2 **Le plan du capitaine Nemo fonctionne. La glace fond, mais trop lentement. Pendant ce temps, interminable, l'air devient irrespirable. Complète le récit du professeur Aronnax en plaçant correctement les phrases suivantes:**

> Il était huit heures du soir. • Un simple champ de glace nous séparait de l'atmosphère. • Ma face était violette, mes lèvres bleues, mes pensées confuses. • Où était le capitaine Nemo ? Avait-il succombé ? • En tout cas, le *Nautilus* allait le tenter

À demi étendu sur un divan de la bibliothèque, je suffoquais. ____________________ Je ne voyais plus, je n'entendais plus. La

notion du temps avait disparu de mon esprit. Mes muscles ne pouvaient se contracter. Combien de temps pourrai-je résister encore ?
________________________________ Nous devions être le 28 mars. Le *Nautilus* marchait avec une vitesse effrayante de quarante milles à l'heure. Il se tordait dans les eaux.
____________________________________ Ses compagnons étaient-ils morts avec lui ? Nous n'étions plus qu'à vingt pieds de la surface.
_____________________________ Ne pouvait-on le briser ? Peut-être !
_________________________________ .

Production orale

3 **Le capitaine Nemo annonce à ses prisonniers que le *Nautilus* est bloqué sous la banquise par un énorme iceberg qui s'est renversé après leur passage.**
Comment réagissent les prisonniers à cette annonce dramatique ? Quelle ressource du *Nautilus* le capitaine Nemo compte-t-il utiliser pour essayer de dégager son sous-marin ? Quel est son plan ?

ACTIVITÉ DE PRÉ-LECTURE

4 **Un seul de ces événements aura effectivement lieu dans le prochain chapitre. Lequel, à ton avis? Fais le récit de l'option de ton choix.**

- ☐ Après le pôle Sud, le capitaine du *Nautilus* annonce au professeur Aronnax qu'il a décidé de partir à la conquête du pôle Nord.
- ☐ Ned Land provoque une explosion à bord du Nautilus avant de s'enfuir avec ses compagnons.
- ☐ Le *Nautilus* attaque un navire de guerre d'une nation inconnue.
- ☐ Le capitaine Nemo et Ned Land s'affrontent dans un duel sans merci.
- ☐ Le professeur Aronnax obtient la permission de quitter le *Nautilus* pour remettre un message du capitaine Nemo aux autorités françaises de Guyane.

Chapitre 8

Les poulpes avant l'hécatombe

5 *20 avril 1868*

Depuis le pôle, le capitaine Nemo est introuvable. L'équipage, quasiment invisible, se contente de nous apporter notre nourriture. Nous sommes seuls, au salon, la plupart du temps.

— Parlez-lui, Professeur, il vous écoute, vous. Demandez-lui …

— Quoi donc, Ned ?

— Quand finira notre supplice*.

— Il y en a de bien pires, Maître Land. Au fond, nous ne sommes pas si mal ici.

— Et nous sommes bien traités, ajoute Conseil.

— Peut-être, mais nous avons failli mourir au pôle Sud. Et puis ce voyage a assez duré. Continuez, si vous voulez; moi, c'est décidé, je m'évade.

— Ce n'est pas la première fois que vous le dites, Maître Land, remarque Conseil.

— Non, mais cette fois, j'ai ceci !

— Une clé anglaise* ? Où l'avez-vous prise ?

— Dans la salle des machines. Elle nous servira à décrocher ce maudit canot du sous-marin, le moment venu.

— Pourquoi dites-vous « nous », Ned ?

supplice torture ; ici, emploi figuré.

clé anglaise outil de mécanicien servant à serrer/desserrer des boulons.

— Parce que j'aurai besoin de votre aide. À trois sur un canot, nous pouvons réussir. Seul, je ne donne pas cher de ma peau*. Tenez-vous prêts ! À la première occasion ...

— Oh ! Un kraken ! s'écrie tout à coup Conseil.

— Un quoi ? demande le Canadien que le spectacle des fonds marins n'amuse plus depuis bien longtemps.

— Un poulpe géant ! Regardez !

— Mon Dieu, quel épouvantable bête ! dis-je en apercevant un calamar de dimensions colossales.

— Ce monstre-là fait au moins huit mètres, dit le Canadien, impressionné à son tour*.

— Et celui-là est encore plus gros, renchérit* Conseil.

— Mais combien sont-ils ? Mon Dieu !

— J'en ai compté sept, Professeur.

Tout à coup, le *Nautilus* s'arrête brusquement. Les branches de son hélice ne tournent plus du tout. Une minute plus tard, le capitaine Nemo, suivi de son second*, entre dans le salon.

— Messieurs, dit-il, le bec d'un de ces poulpes bloque l'hélice et nous empêche de marcher.

— Qu'allez-vous faire, Capitaine ?

— Les combattre corps à corps, à la hache !

— Et au harpon, Monsieur, si vous ne refusez pas mon aide.

— Je l'accepte, Maître Land. J'ai donné l'ordre de remonter à la surface. Préparons-nous !

Nous nous dirigeons tous vers l'escalier central ; là, une dizaine d'hommes armés de haches se tiennent* prêts à l'attaque. Le marin en haut de l'échelle desserre les boulons du panneau, mais il n'a pas le temps de relever entièrement le couvercle que le bras d'un poulpe

je ne donne pas cher de ma peau je n'ai aucune chance de réussir.
à son tour lui aussi.
renchérit ajoute.
second ici, officier le plus haut gradé après le commandant.
se tiennent sont.

se glisse comme un serpent par l'ouverture. D'un coup de hache, le capitaine Nemo tranche* ce formidable tentacule, qui glisse sur les échelons en se tordant comme un gros ver.

Nous sortons. À peine arrivés sur la plate-forme, un autre bras s'abat sur un des marins et l'enlève avec une puissance irrésistible. Le capitaine lance un cri et se jette sur le monstre. Quelle scène ! Le malheureux, saisi par le tentacule et collé à ses ventouses, se débat comme un pantin*. D'un coup de hache, le capitaine Nemo coupe un bras du monstre. Puis deux, trois, quatre… Pendant ce temps, le reste de l'équipage, Conseil et moi-même enfonçons nos haches dans les corps mous des autres attaquants. C'est horrible ! Le poulpe assassin n'a plus qu'un seul bras ; mais, au moment où le capitaine se jette sur lui pour l'assaut* final, l'animal lance un jet de liquide noirâtre, aveuglant, et disparaît emportant sa proie* avec lui. De son côté Ned, en bon chasseur, a immédiatement trouvé le point faible des gigantesques bêtes : son harpon crève un à un leurs yeux vitreux*. Soudain, mon audacieux compagnon est renversé par un tentacule ; déjà le bec du poulpe est sur lui, prêt à le couper en deux. Je me précipite à son secours, mais le capitaine Nemo est plus rapide : sa hache disparaît entièrement entre les deux énormes mandibules du monstre. Ned est sauvé !

— Nous sommes quittes ! dit le capitaine au harponneur.

Ned s'incline sans lui répondre.

Le combat a duré un quart d'heure. Les poulpes, blessés à mort et horriblement mutilés, abandonnent finalement le *Nautilus* et disparaissent sous les flots.

Le capitaine Nemo, rouge de sang, immobile, regarde la mer qui vient d'engloutir un de ses compagnons, et de grosses larmes coulent de ses yeux.

tranche coupe.
pantin marionnette.
assaut attaque.
proie victime.
vitreux glauques, qui ne sont pas transparents.

Après dix jours passés à naviguer au hasard, comme si le capitaine Nemo et ses hommes refusaient de quitter les lieux du drame où avait péri l'un des leurs, le *Nautilus* reprend sa marche forcée.

Le 1er mai, nous entrons dans le courant du Gulf-Stream, le grand fleuve des mers, et nous plongeons dans ses eaux chaudes.

Une semaine plus tard, nous sommes à trente milles des côtes de la Caroline du Nord. Puis la baie du Saint-Laurent, le pays natal de notre harponneur. Pauvre Ned, prisonnier si près de chez lui !

Une question m'obsède* cependant : quelles sont les intentions du capitaine Nemo ? Veut-il vraiment nous conduire au pôle Nord ?

À ma grande surprise, le 15 mai le *Nautilus* prend la direction du sud et se dirige vers l'Europe.

Le 28 mai, nous ne sommes qu'à cent cinquante kilomètres de l'Irlande. Va-t-il s'engager dans la Manche ? Me laisser entrevoir les côtes de France, comme il a laissé deviner les côtes canadiennes à Ned ?

Le 1er juin, après un mois d'absence, le capitaine Nemo entre dans le salon.

— Savez-vous où nous sommes ? dit-il en s'adressant à moi, comme si nous venions de nous quitter.

— Pas très loin de mon pays, dis-je simplement.

— Ce n'est pas la réponse que j'attendais, Professeur ; même si c'est de votre pays qu'il s'agit.

— Que voulez-vous dire, Capitaine ?

Le capitaine actionne alors les panneaux du salon et nous découvrons une épave, recouverte de coquilles blanchâtres.

— Encore ! dit Ned. Cela fait sept mois que vous nous montrez des épaves et des poissons !

— Cette épave, Maître Ned, est un symbole.

m'obsède accapare mes pensées.

— Ah oui ? dit Ned. Et qu'a-t-elle donc de si spécial ?

— Ce navire, Monsieur le harponneur, est l'honneur de toutes les marines libres de ce monde, s'il en existe.

— *Le Vengeur* !

— Exactement, Professeur. Je vois que vous connaissez l'histoire de France.

Puis, d'une voix lente, le capitaine dit gravement :

— Il y a soixante-quatorze ans, jour pour jour, à cette place même, ce navire, après un combat héroïque, préféra s'engloutir avec ses trois cent cinquante-six marins plutôt que de se rendre*. Il disparut sous les flots au cri de « Vive la République ! ».

— Et alors ? dit Ned. Croyez-vous qu'en venant ici, vous allez ressusciter* tous ces hommes ?

— C'est ici que je l'attends ! s'écrie alors le capitaine Nemo, rouge de colère, le visage transfiguré par la haine. C'est ici qu'il viendra mourir !

— Qui ? demandons-nous d'une seule voix.

— Nous allons remonter à la surface, Messieurs, je vous attends sur le pont.

— Vous entendez, Ned ? dis-je en arrivant sur la plate-forme, on dirait une détonation*.

— C'est un coup de canon, répond le Canadien. Il vient de ce bâtiment*, droit devant nous.

— Pouvez-vous reconnaître sa nationalité ? demande Conseil.

— Je ne vois pas son pavillon, répond le Canadien ; en tout cas, c'est un navire de guerre, un cuirassé.

— Nous sommes sauvés ! dit Conseil.

— Peut-être, dit Ned en agitant son mouchoir.

— Misérable, s'écrie le capitaine en lui arrachant son mouchoir de

se rendre déposer les armes, s'avouer vaincu.
ressusciter faire revivre.
détonation bruit provoqué par une arme à feu.
bâtiment ici, navire de guerre.

la main ; veux-tu donc que je te cloue* sur l'éperon du *Nautilus* avant qu'il ne se précipite contre ce navire ! Ah ! tu sais qui je suis, navire d'une nation maudite ! lance-t-il ensuite en direction du vaisseau. Je t'ai reconnu et tous tes canons ne serviront à rien contre ma vengeance ! Descendez, Messieurs, Dépêchez-vous, nous plongeons !

— Vous allez donc attaquer ce navire, Capitaine, pourquoi ?

— Monsieur, je vais le couler.

— Pourtant le *Nautilus* n'a rien à craindre de ses canons ?

— Je suis le droit, je suis la justice ! Je suis l'opprimé, et voilà l'oppresseur ! C'est par lui que tout ce que j'ai aimé, chéri, vénéré – patrie, femme, enfants, mon père, ma mère – j'ai vu tout périr ! Tout ce que je hais est là ! Taisez-vous et descendez !

De la vitre du salon, entourés d'une dizaine de marins, nous assistons à une scène insoutenable. Le *Nautilus* fonce à toute vitesse vers le cuirassé. Quel spectacle horrible ! Son éperon pénètre dans la coque, l'éventre, la transperce de part en part. Coupé en deux, le navire sombre en quelques minutes, emportant avec lui son malheureux équipage. Un carnage !

Deux heures plus tard, nous sommes loin du massacre. À bord règne un silence de mort. Et toute surveillance semble avoir disparu.

— Partons, mes amis, c'est le moment, dit Ned.

— Où sommes-nous ?

— Je l'ignore, Professeur, mais certainement pas très loin d'une côte.

— La mer est mauvaise, dit Conseil.

— Tant pis !

— Et si l'équipage nous surprend ? dis-je.

— Je me défendrai jusqu'à la mort.

— Nous mourrons ensemble, mon ami. Mais je vous suggère d'attendre la nuit.

que je te cloue que je te fixe avec des clous.

— Le professeur a raison, dit Conseil.

— D'accord. Rendez-vous au canot, à une heure.

À l'heure dite, Ned desserre les écrous de l'ouverture du canot avec sa clé anglaise. Heureusement, il n'est pas gardé. Nous nous engouffrons dans l'embarcation, quand, soudain, des cris se font entendre. L'équipage ! Si vite ? Comment pouvaient-ils savoir ?

— Maelstrom* ! Maelstrom ! crient les machinistes paniqués, en courant dans tous les sens.

— Ces bandits donnent l'alarme ! dit Conseil.

— Non, ce n'est pas après nous qu'ils en ont, dit Ned. Tenez-vous bien ! Nous allons faire un tour sur un drôle de manège* !

Le Maelstrom ! Nous sommes aspirés par le nombril de l'océan ! Entraîné dans l'énorme tourbillon d'eau, le *Nautilus* tourne sur lui-même comme une toupie* dans un entonnoir*. Nous sommes perdus !

Quand je reprends connaissance, je suis couché dans une cabane de pêcheur. Mes deux compagnons, sains et saufs, sont près de moi.

— Où sommes-nous ?

— Norvège ! C'est fini, Professeur, nous allons rentrer chez nous, me dit Ned en m'embrassant.

J'ignore et j'ignorerai toujours ce qui s'est réellement passé cette nuit-là, ce qu'est devenu le *Nautilus*, son équipage. Quant au capitaine Nemo, s'il vit encore, c'est pour lui que j'ai écrit ce livre. Non pas pour le justicier assoiffé de vengeance, mais pour l'ingénieur extraordinaire, le défenseur des opprimés qui m'a fait découvrir toutes les richesses de la mer. Me croira-t-on ? Je ne sais. Peu importe, après tout. La vérité est au fond des océans.

Maelstrom gigantesque tourbillon marin qui se forme entre deux îles de l'archipel Lofoten (Norvège).
manège attraction foraine qui tourne sur elle-même.
toupie jouet en forme de cône muni d'une pointe qui le maintient en équilibre lorsqu'il tourne sur lui-même.
entonnoir ustensile en forme de cône utilisé pour transvaser des liquides.

Compréhension et production

1 Relie les débuts de phrases numérotés de 1 à 12 à leur suite logique (A-L). C'est le professeur Aronnax qui parle.

1 ☐ J'éprouvais une insurmontable horreur
2 ☐ Je le plaignais et en même temps je le condamnais ;
3 ☐ Il n'avait pas le droit de s'acharner ainsi sur des innocents,
4 ☐ J'avais été témoin et peut-être complice
5 ☐ Je ne pouvais lui pardonner
6 ☐ Avant de rejoindre mes compagnons au canot,
7 ☐ Le capitaine Nemo était là,
8 ☐ Assis à l'orgue,
9 ☐ Tout à coup, il soupira
10 ☐ Il vint vers moi, les bras croisés, silencieux,
11 ☐ Sa poitrine oppressée
12 ☐ Et je l'entendis murmurer ces paroles :

a comme un spectre.
b même s'ils appartenaient à la nation qui l'avait tant fait souffrir.
c d'un acte de terrorisme.
d mais il ne pouvait pas me voir.
e pour le capitaine Nemo.
f ces pauvres hommes n'étaient pour rien dans le mal qu'on lui avait fait.
g se gonflait de sanglots.
h je passai dans le salon.
i sa férocité.
j et je le vis se lever.
k « Dieu tout puissant ! assez ! assez ! »
l il jouait une musique infiniment triste.

2 Réponds aux questions.

1 Pourquoi le *Nautilus* s'arrête-t-il tout à coup en pleine mer ?

____

2 Quel épisode de la Révolution française le capitaine Nemo raconte-t-il à ses prisonniers ?

____

3 Que s'est-il passé ensuite ?

____

Grammaire du texte

3a Imparfait ou passé simple ? Complète les verbes en y ajoutant les désinences AIT, AI, A, IS, IT, UT.

La vitesse du *Nautilus* augment____ brusquement. Il pren____ son élan. Toute sa coque frémiss____. Quelques instants plus tard, ce f____ le choc. Je sent____ la force pénétrante de l'éperon d'acier. Emporté par sa puissance de propulsion, le *Nautilus* pass____ au travers de la masse du vaisseau comme l'aiguille du voilier à travers la toile ! Je m'élanç____hors de ma chambre et me précipit____ dans le salon. Le capitaine Nemo ét____ là. Muet, sombre, implacable, il regard____ par le panneau la masse énorme qui sombr____ sous les eaux ; et pour ne rien perdre de son agonie, le *Nautilus* descend____ dans l'abîme avec elle.
L'énorme vaisseau s'enfonç____ lentement. Le Nautilus le suiv____, épi____ tous ses mouvements. Je me retourn____ vers le capitaine Nemo. Ce terrible justicier, véritable archange de la haine, regard____ toujours. Quand tout f____ fini, le capitaine Nemo, se dirige_____ vers la porte de sa chambre, l'ouvr____ et entr____. Je le suiv____ des yeux. Sur le panneau du fond, je v____ le portrait d'une femme jeune encore et de deux petits enfants. Le capitaine Nemo les regard____ pendant quelques instants, leur tend____ les bras, et, s'agenouillant, il fond____ en sanglots. Puis il dispar____ .

3b Mets-le ensuite au présent absolu à partir de l'infinitif de chaque verbe.

augmenter	____________	épier	____________
prendre	____________	se retourner	____________
frémir	____________	regarder	____________
être	____________	finir	____________
sentir	____________	se diriger	____________
passer	____________	ouvrir	____________
s'élancer	____________	entrer	____________
se précipiter	____________	suivre	____________
être	____________	voir	____________
regarder	____________	regarder	____________
sombrer	____________	tendre	____________
descendre	____________	fondre	____________
s'enfoncer	____________	disparaître	____________
suivre	____________		

Jules Verne

Inventeur du roman d'anticipation, Jules Verne est l'un des trois romanciers français les plus lus dans le monde avec Victor Hugo et Alexandre Dumas. Cent ans après sa mort, il continue d'inspirer les écrivains, les cinéastes. Et les aventuriers.

L'aventure de la science

Du capitaine Nemo à Michel Strogoff, *De la Terre à la Lune* au *tour du monde en 80 jours*, les romans de Jules Verne ont familiarisé le public du XIXe siècle avec la science et les savants. Pour la première fois dans l'histoire de l'Homme, la machine a cessé d'être un objet utilitaire pour devenir un instrument de rêve. Et d'aventure, voire de conquête. Le sous-marin du capitaine Nemo, la machine volante de *Robur le Conquérant*, l'île à hélice, ou l'*Épouvante*, automobile-avion-sous-marin, ont fasciné des générations de jeunes qui se sont identifiés à Pierre Aronnax, Philéas Fogg, Michel Strogoff, aux enfants du capitaine Grant ... Comme ont fasciné leurs aventures en ballon, sous la mer, dans les airs, autour de la lune, ou leurs expéditions fantastiques du centre de la Terre au pôle Nord.

Naissance du *savant fou*

Voyages extraordinaires assortis d'explications scientifiques, rebondissements dramatiques, et dénouement heureux autant que possible : telle est la recette du récit d'aventures conçu par Verne. Pourtant, si à la fin de chaque roman, « tout est bien qui finit bien », on aurait tort de croire que la vision du romancier est totalement optimiste ; s'il a foi dans le progrès, s'il fait confiance à la technique pour améliorer la condition des hommes, Verne comprend avant ses contemporains qu'une mauvaise utilisation des découvertes scientifiques constitue un danger. Il y a Nemo, bien sûr, et sa haine implacable des « Terriens » ; mais il y a aussi bon nombre d'assassins, un savant fou, Thomas Roch, inventeur d'un explosif capable de détruire la planète, un apprenti dictateur, *Robur le Conquérant*, et bien d'autres criminels en tous genres.

Jules Verne
Biographie express

1828 Jules Verne est né à Nantes, le 8 février

1828 Son père est avoué et le destine au métier de juriste.

1847 Jules Verne obtient la permission de faire son droit à Paris. Dans la capitale, il rencontre Alexandre Dumas et commence par écrire des pièces de théâtre, tout en fréquentant les milieux scientifiques de l'époque. L'explorateur Jacques Arago le prend sous sa protection et l'initie aux « mystères de la science ».

1857 Après le mariage de sa cousine Caroline dont il était secrètement amoureux, Jules Verne épouse Honorine de Viane, une jeune veuve de 26 ans, mère de deux enfants.

1861 Naissance de son fils Michel qui récrira en partie les derniers romans de son père à la mort de celui-ci.

1863 L'éditeur Pierre-Jules Hetzel publie le premier de ses 62 « Voyages extraordinaires », *Cinq Semaines en ballon*. Immense succès et contrat de vingt ans avec l'éditeur qui lui réclame deux ouvrages par an.

1864 Parution de *Voyage au centre de la Terre*.

1869 Parution de *Vingt Mille Lieues sous les mers*.

1872 Jules Verne s'installe à Amiens, ville dont il sera conseiller municipal à la fin de sa vie.

1886 Son neveu Gaston, venu lui emprunter de l'argent, le blesse aux jambes de deux coups de revolver.

1905 Diminué physiquement par le diabète, Jules Verne meurt le 24 mars. Son fils Michel et le fils de son éditeur, Louis-Jules Hetzel, travaillent ensemble à la publication de ses oeuvres posthumes.

Les Dom-Tom

La France du bout du monde

Ancienne puissance coloniale, la France a conservé quelques territoires dispersés aux quatre coins du globe. Au lendemain de la guerre (1946), ces colonies furent assimilées à la République et divisées en *Départements d'Outre-Mer* (DOM), *Territoires d'Outre-Mer* (TOM) *et Collectivités d'Outre-Mer.* Quelques dizaines de milliers de kilomètres carrés en tout, mais une forte dose d'exotisme et, pour les habitants de ces terres lointaines, le sentiment d'appartenir à une même communauté d'idées et de valeurs.

La Martinique

Située dans les Petites Antilles, à 2 430 km de Cuba et 6 850 km de Paris, cette île montagneuse et volcanique de 1 128 km^2 (75 km de longueur, 35 de large) a été découverte par Christophe Colomb en 1502. C'est une terre française depuis 1635.

La Guadeloupe

Située dans les Petites Antilles, à 190 km de la Martinique, cet archipel montagneux et volcanique découvert par Christophe Colomb en 1493 se compose de 9 îles pour une superficie de 1 702 km^2. C'est une terre française depuis 1635.

La Guyane

Située à 7 000 km de Paris entre le Surinam et le Brésil, la Guyane est le plus vaste des départements d'outre-mer (83 534 km^2). C'est une terre française depuis 1604.

La Réunion

Située dans l'océan Indien, à 800 km de Madagascar et 9 180 km de Paris, cette île volcanique (72 km de longueur, 51 de large) est une terre française depuis 1638.

Mayotte

Située dans l'océan Indien, à 400 km de la Tanzanie et 8 000 km de Paris, cette terre française depuis 1841 fait partie de l'archipel des Comores, dont les trois autres îles sont indépendantes depuis 1974. Mayotte et ses habitants, les Mahorais, sont devenus le 5e département français d'outre-mer le 29 mars 2009 par référendum.

La Nouvelle-Calédonie

Située dans l'océan Pacifique, à 1 900 km de Sidney et 16 645 km de Paris, cette terre française depuis 1853 est la plus indépendante des possessions françaises d'outre-mer. C'est un archipel composé d'une île principale, deux fois grande comme la Corse, et d'une dizaine de petites îles représentant une superficie totale de 18 575 km^2.

La Polynésie française

Situées dans l'océan Pacifique, 118 îles volcaniques ou coralliennes sont dispersées sur l'équivalent de l'Europe (2 500 000 km^2) ; Tahiti, la plus importante, est à 17 000 km de Paris, à 9 000 km du Japon et à 5 700 km de l'Australie. La Polynésie est une terre française depuis 1842.

Wallis-et-Futuna

Située dans l'Océan Pacifique, à 2 000 km de la Nouvelle-Calédonie, cette terre française depuis 1887 se compose de deux archipels qui couvrent une superficie totale de 274 km^2.

BILAN

1 Rétablis la chronologie des événements cités puis ajoute à chacun d'eux une légende explicative.

☐ À proximité du pôle Sud, le *Nautilus* est prisonnier des glaces ; le capitaine Nemo affirme que rien ne pourra arrêter la marche de son sous-marin.

☐ *1* Dans le port de New York, des milliers de mouchoirs s'agitent.
La frégate américaine Abraham-Lincoln *part donner la chasse au monstre marin qui sème la terreur sur toutes les mers du globe.*

☐ Deux panneaux sur le flanc du *Nautilus* glissent lentement : l'océan pénètre tout à coup dans le salon.

☐ En entrant dans le salon du *Nautilus*, mes deux compagnons restent pétrifiés.

☐ Grâce à l'électricité le *Nautilus* peut poursuivre sa route.

☐ L'éperon du *Nautilus* coupe en deux un navire de guerre d'une nation inconnue.

☐ L'équipage de l'*Abraham-Lincoln* surveille scrupuleusement la mer, jour et nuit.
La vitesse de la frégate augmente, la vitesse du «monstre» aussi.
Les boulets de ses canons rebondissent sur la carapace de l'animal.

☐ Le capitaine Nemo fait mettre son canot à la mer. Armés de fusils et de haches, Ned, Conseil et moi, nous nous dirigeons vers l'île de Gueboroar.

☐ Le capitaine Nemo m'invite pour une promenade sous marine ; je remarque que les scaphandres n'ont pas de tuyaux en caoutchouc.

____

____

☐ Le capitaine Nemo ne s'inquiète pas de l'arrivée des sauvages sur le pont du *Nautilus*.

____

____

☐ Le capitaine Nemo risque sa vie pour un pêcheur de perles, un de ces êtres humains qu'il fuit sous les mers.

____

____

☐ Le capitaine Nemo, rouge de sang, regarde la mer ; de grosses larmes coulent de ses yeux.

____

____

☐ Le *Nautilus* est coincé sous la banquise et ne peut ni avancer ni reculer.

____

____

☐ Le *Nautilus* tourne sur lui-même et disparaît au fond de l'océan.

____

____

☐ Ned et ses compagnons sont obligés de s'enfuir de l'île de Gueboroar.

____

____

☐ Ned Land demande au capitaine Nemo l'autorisation de chasser un troupeau de baleines ; celui-ci refuse.

____

____

☐ Ned Land, le professeur Aronnax et Conseil s'emparent du canot ; l'équipage affolé court dans tous les sens.

____

____

☐ Tout à coup, le *Nautilus* s'immobilise : son hélice a cessé de tourner.

____

____

CONTENUS B1

Contenu lexical
Le portrait physique et moral.
Les dates et les lieux.
Les mesures et les distances.
Le voyage et l'aventure.
Les pays et les nationalités.
Les inventions, la science et les techniques.
Les principales actions.
La vie au fond des mers.
Les couleurs et les formes.

Contenu grammatical
Les déterminants du nom.
Les adjectifs numéraux.
Le féminin et le pluriel des noms et des adjectifs.
Le comparatif et le superlatif.
Les adjectifs et les pronoms indéfinis.
Les pronoms possessifs, démonstratifs et indéfinis.
Les pronoms personnels sujets et compléments.
Les pronoms relatifs.
Les adverbes et les prépositions.
Le présent narratif.
Les temps du passé.
Le futur.
La voix passive.
La phrase négative.
La phrase interrogative directe et indirecte.

LECTURES ELI SENIORS

NIVEAU 2 Alain-Fournier, *Le grand Meaulnes*

NIVEAU 3 Alexandre Dumas, *Le Comte de Monte-Cristo*
Jules Verne, *20 000 lieues sous les mers*

NIVEAU 4 Gustave Flaubert, *Madame Bovary*